Matthias Erzberger: »Reichsminister in Deutschlands schwerster Zeit«

D1662393

Matthias Erzberger:
»Reichsminister in Deutschlands
schwerster Zeit«

Essays zur Ausstellung
Im Auftrag des Bundesarchivs herausgegeben
von Wolfgang Michalka

Eine Ausstellung von Günter Randecker, Dettingen,
und dem Bundesarchiv, Erinnerungsstätte für die
Freiheitsbewegungen in der deutschen Geschichte,
Rastatt, realisiert von P&U Gautel, Karlsruhe

Verlag für Berlin-Brandenburg
Potsdam

Bildnachweis:
Günter Randecker, Dettingen
Bundesarchiv, Koblenz
Gedenkstätte Reichspräsident
Friedrich Ebert, Heidelberg
Staatsarchiv Freiburg

Gedruckt mit freundlicher Unterstützung der Konrad-Adenauer-Stiftung,
Sankt Augustin und des Militärgeschichtlichen Forschungsamtes,
Potsdam

Herstellung: Druckerei Feller, Teltow

Inhalt

Grußwort

Matthias Erzberger (1875–1921) zählt zu den vergessenen Politikern in der deutschen Geschichte – sicherlich zu Unrecht. Viele denken bei Erwähnung des Namens an das am 26. August 1921 auf ihn verübte feige Attentat. Dieses führte ihn in die Reihe der zahlreichen Opfer rechtsradikaler, terroristischer Gruppierungen, die sich als entschiedene Gegner der Weimarer Republik verstanden und deren Ziel es war, namhafte Befürworter und Repräsentanten der ersten deutschen Republik zu beseitigen.

Ihre Methoden waren nicht der parlamentarisch-demokratische Diskurs, die politisch-sachliche, durchaus engagierte Auseinandersetzung mit dem politischen Gegner um Kompromiß und Konsens. Ihr Ziel war vielmehr die Polarisierung, indem sie den politisch Andersdenkenden als Feind abstempelten, den es mit allen, auch kriminellen Mitteln zu bekämpfen galt. Der Kampf an der äußeren Front der Jahre 1914 bis 1918 fand seine Fortsetzung an der inneren Front. Physische Gewaltanwendung und politische Morde wurden fortan zum Signum der politischen Auseinandersetzung im Deutschland der unmittelbaren Nachkriegszeit.

Langfristig geplant und minutiös vorbereitet wurde die brutale Ermordung Erzbergers von der »Organisation Consul«, einer weit verzweigten und hierarchisch vernetzten Terrororganisation ehemaliger Offiziere. Um sich der vom Versailler Vertrag geforderten Demobilisierung zu entziehen, sammelten sie sich ursprünglich in Freikorps und Wehrverbänden und boten dem von den »Novemberverbrechern« bedrohten »Vaterland« ihre Dienste an gegen das von ihnen abgelehnte »System« von Weimar und Versailles.

Nach dem Scheitern des Kapp-Lüttwitz-Putsches im März 1920 sahen sie sich gezwungen, ihre Strategie zu ändern. Nicht mehr die direkte Konfrontation mit dem von ihnen gehaßten Staat, sondern die gezielte Diffamierung und letztlich auch »Beseitigung« einzelner herausragender Repräsentanten der Republik von Weimar schien ihnen der erfolgreichere Weg zu sein.

Damit geriet Matthias Erzberger in das Schußfeld dieser terroristischen Untergrundorganisation. Gegen ihn als Mitverfasser der Friedensresolution von 1917, Unterzeichner des Waffenstillstandsvertrages vom 11. November 1918, Befürworter des Vertrages von Versailles und Reichsfinanzminister im Kabinett Bauer setzte nun eine beispiellose Hetzkampagne ein. Negativer Höhepunkt dieser Diffamierungsstrategie war die politische Schmähschrift vom ehemaligen Staatssekretär des Reichsschatzamtes und amtierenden Parteiführers der DNVP, Karl Helfferich, mit dem suggestiven Titel »Fort mit Erzberger!« Es war regelrecht die Aufforderung zum Mord. Das tödliche Attentat am 26. August 1921 im nördlichen Schwarzwald war bereits der fünfte politische Anschlag auf den viel geschmähten Zentrumspolitiker.

Alle diese Umstände, die schließlich zu seinem tragischen Tod führten, haben seine eigentlichen Leistungen als Politiker in den Hintergrund treten lassen und dazu geführt, daß Werk und Wirken von Matthias Erzberger nahezu in Vergessenheit geraten konnten.

War es nicht Erzberger, der aus einfachen Verhältnissen stammend, 1903 für den Wahlkreis Biberach als Zentrumsabgeordneter gerade mal 28 Jahre alt in den Reichstag gewählt wurde?

War er es nicht, der im Ersten Weltkrieg nach anfänglicher Siegeseuphorie das ungleiche Kräfteverhältnis zwischen dem Deutschen Reich und seinen gegnerischen Mächten realistisch analysierte und zu dem Schluß kam, daß dieser Krieg für Deutschland nicht zu gewinnen war? Erzberger benötigte kein »politisches Damaskus«, wenn es überhaupt so etwas gibt; ihn zeichnete vielmehr ein erstaunliches politisches Lernvermögen aus.

Die Proklamation eines Verständigungsfriedens und sein Eintreten

für die Parlamentarisierung des Kaiserreiches bestimmten nun seine »Realpolitik«. Mit seiner Unterschrift unter den Waffenstillstand am 11. November 1918 wurde schließlich der Erste Weltkrieg beendet.

Nun stellte er sich ganz in den Dienst der jungen deutschen Republik und trat dafür ein, den Versailler Vertrag zu unterzeichnen. Nicht weil er ihn befürwortete, sondern weil er in realistischer Einschätzung der Nachkriegsordnung die Einheit und Souveränität Deutschlands bewahren und auf dem Verhandlungsweg die notwendige Revision der Friedensbedingungen erzielen wollte.

Er war es auch, der als Finanzminister eine Reform durchsetzte, mit der die Finanzhoheit des Reiches gegenüber den Ländern hergestellt und die Voraussetzungen für geordnete Reichsfinanzen und die Konsolidierung der vom Weltkrieg katastrophal geschädigte Wirtschaft geschaffen werden sollten.

Als Parteipolitiker war es sein Anliegen, das Zentrum von einer hauptsächlich in Süddeutschland vertretenen katholischen Oppositionspartei zu einer gesamtdeutschen, überkonfessionellen und schichtenübergreifenden Sammlungspartei zu öffnen, die mit ausgeprägtem sozialpolitischen Profil zu einer modernen Volkspartei heranreifen konnte. Kein Wunder auch, daß nach 1945 Erzbergers Politik als Vorbild für die politischen Programme christlich-demokratischer und sozialer Parteien diente.

Die nachfolgenden Essays beleuchten Leben und Werk von Matthias Erzberger. Sie behandeln verschiedene Aspekte seiner Politik und erhellen unterschiedliche Facetten seines politischen Wirkens. Dieser Band begleitet die von Günter Randecker aus Dettingen angeregte und die vom Bundesarchiv, Erinnerungsstätte für die Freiheitsbewegungen in der deutschen Geschichte, Rastatt, realisierte Ausstellung »Matthias Erzberger: Reichsminister in Deutschland schwerster Zeit«. Mögen Broschüre und Ausstellung dazu beitragen, sich mit Matthias Erzberger auseinanderzusetzen und ihm seinen angemessenen Ort in der deutschen Geschichte zukommen zu lassen.

Professor Dr. Hartmut Weber
Präsident des Bundesarchivs

Danksagung des Herausgebers

Die Ausstellung »Matthias Erzberger: Reichsminister in Deutschlands schwerster Zeit« wurde von Herrn Günter Randecker, Wilhelm und Louise Zimmermann-Geschichtsverein, Dettingen, angeregt.

Der »Förderverein Erinnerungsstätte für die Freiheitsbewegungen in der deutschen Geschichte« war es dann, der diese Anregung aufgriff und dem Bundesarchiv wesentlich half, diese Ausstellung in Rastatt zu ermöglichen. Sie wurde am 26. August 2001, achtzig Jahre nach dem tragischen Tod von Erzberger, vom Bundesarchiv, Erinnerungsstätte für die Freiheitsbewegungen in der deutschen Geschichte, Rastatt, eröffnet.

Sie erfuhr starken Zuspruch. Zahlreiche Besucher regten an, diese für die historisch-politische Bildung wichtige Ausstellung auch andernorts zu zeigen.

Viele haben geholfen, dies zu ermöglichen. Ihnen allen ist sehr zu danken. Besonders hervorzuheben sind Herr Günter Randecker als Initiator, der Förderverein der Erinnerungsstätte als gemeinsamer Träger mit dem Bundesarchiv, die Grafiker P&U Gautel, Karlsruhe, als Gestalter sowie das Land Baden-Württemberg und dessen Vertretung beim Bund in Berlin.

Großzügige Förderung und finanzielle Unterstützung erfuhren wir von der Landeszentrale für politische Bildung Baden-Württemberg, von Daimler-Chrysler, Werk Rastatt, vom Verlag für Wirtschaft, Karlsruhe, von der Konrad-Adenauer-Stiftung, Sankt Augustin, von der Robert-Bosch-Stiftung, Stuttgart, von der Wüstenrot-Stiftung, Ludwigsburg, und vom Militärgeschichtlichen Forschungsamt, Potsdam.

In den Dank eingeschlossen sind auch die Leihgeber von Ausstellungsexponaten sowie die Inhaber von Bildrechten.

Last but not least sind wir dankbar den Autoren, die zum Teil unter großem Zeitdruck die Beiträge für die vorliegende Publikation geschrieben haben. Die Konrad-Adenauer-Stiftung hat uns zusätzlich die Druckerlaubnis für zwei Beiträge gewährt.

Allen, die Ausstellung und Publikation mit Rat und Tat begleitet und unterstützt haben, gilt unser herzlicher Dank.

Günter Randecker

Der gute Geist von Buttenhausen oder: Die Alternative zum »Geist von Potsdam«

Vor achtzig Jahren wurde der demokratische Spitzenpolitiker Matthias Erzberger von Rechtsradikalen ermordet

»Im traurigen Monat November war's …«, um mit Heinrich Heine zu reden, als sich Matthias Erzberger, der Schneidersohn aus dem schwäbischen Dorfe Buttenhausen im Buch der deutschen Geschichte verewigte. Der 11. November 1918, der Tag des Waffenstillstandsvertrags im Wald von Compiègne ist seit Ende des Ersten Weltkrieges bis heute französischer Nationalfeiertag. Dieser 11. November 1918 ist aber zugleich der Tag, an dem — wer weiß das noch? — die deutsche Einheit in Freiheit gerettet wurde — durch die Unterschrift Matthias Erzbergers. Der Zentrumspolitiker, kaiserlicher Staatssekretär in der ersten parlamentarischen Regierung des Reiches war zum Delegationsleiter bestimmt worden — »ein mittelgroßer, behäbiger Herr mit semmelblondem Haar und einem goldenen Kneifer, Journalist und Abgeordneter« (so Alfred Döblin). Es sei wohl das erste Mal in der Weltgeschichte, daß nicht Militärs den Waffenstillstand abschließen würden, sondern Politiker, hatte der Generalfeldmarschall von Hindenburg dem ungedienten Zivilisten Erzberger vom Hauptquartier in Spa aus mit auf den (so Erzberger) »Schmerzensweg nach Compiègne« zu Mar-

Geburtshaus Erzbergers in Buttenhausen

schall Foch gegeben: »Reisen Sie mit Gott und suchen Sie das Beste für unser Vaterland herauszuholen!«

In Frankreich wollte man Anfang November 1918 noch keinen Waffenstillstand, sondern die totale Niederlage Deutschlands: »Die Deutschen müssen auch den Krieg bei sich kennenlernen, damit sie später keine Lust mehr haben, einen neuen Krieg anzufangen«, war dort die gängige Meinung. Am 7. November um 21.20 Uhr passierte die deutsche Delegation unter Leitung von Erzberger die Frontlinien. Fast aussichtslose Verhandlungen um die einzelnen Punkte des Waffenstill-

standsvertrages begannen. Am
10. November telegraphierte Hindenburg: »Gelingt Durchsetzung dieser Punkte nicht, so wäre trotzdem abzuschließen.« Die Oberste Heeresleitung drängte auf unverzügliche Unterzeichnung.

Erzberger verhandelte zäh: Statt 10 000 Lastwagen mußten nur 5 000 abgeliefert werden. Die Ablieferungsfrist wurde von 25 auf zunächst 31 Tage verlängert; die Breite der neutralen Zone auf dem rechten Rheinufer von 30 bis 40 km auf 10 km herabgesetzt. Die Alliierten

Erzberger als Lehramtspraktikant

verpflicheteten sich, »Deutschland in dem als notwendig anerkannten Maß mit Lebensmitteln zu versorgen«. Erzbergers patriotische Erklärung vor der Unterschrift im Eisenbahnwagen im Wald von Compiègne, nordöstlich von Paris: »Ein Volk von siebzig Millionen leidet, aber es stirbt nicht«, was Marschall Foch mit den Worten quittierte: »Très bien«.

Ohne Waffenstillstand und späteren Versailler Vertrag wären die Alliierten auf deutsches Gebiet marschiert, hätten Nord- und Süddeutschland getrennt und mit den einzelnen deutschen Staaten Separat-Friedensverträge geschlossen. »Zertrümmerung des Reiches, Auflösung desselben in Einzelstaaten«: Diese Folgen hatte Erzberger in seinem Friedens-Memorandum offengelegt: »Wo war denn die Zivilcourage der Militärs?«, fragte der Staatssekretär der letzten kaiserlichen Regierung, spätere Waffenstillstandsminister und erste Reichsfinanzminister der Weimarer Republik (die Weimarer Verfassung wurde am 11.8.1919 verabschiedet) nachher im Reichstag und meinte, die Regierung des Prinzen v. Baden, der er als Staatssekretär angehörte, hätte vielleicht einen einzigen

Fehler gemacht: sie hätte den General Ludendorff (oder Hindenburg) hinschicken und ihm sagen sollen: »Schließe Du den Waffenstillstand ab!« Aber was wäre die Folge gewesen: »Eine glatte Kapitulation! Und davor haben wir unser Volk und unser Heer bewahrt.« Die Erzbergersche Unterzeichnung des Waffenstillstands verfälschten die deutschen Nationalisten, allen voran Hindenburg, zur Dolchstoßlegende. »Fort mit Erzberger«, so die berühmt-berüchtigte Helfferich-Hetzschrift, »weg mit dem Reichsverderber, Novemberverbrecher, Juden!«, tönte es gegen den (so Bülow) »damals mächtigsten Politiker im neuen Deutschland, den eigentlichen Führer des republikanischen Deutschlands«.

In einer »der dramatischsten Sitzungen, die wohl ein Parlament je abgehalten hat« (so Harry Graf Kessler), hatte Erzberger den wahren Kriegsschuldigen im eigenen Land, die er bereits 1917 am liebsten in Kaltwasserheilanstalten geschickt hätte, angekündigt: »Die Abrechnung wird gründlich erfolgen«. Aber die Weimarer Koalition aus Zentrum, Sozialdemokraten und Deutsch-De-

Erzberger: Der Berufspolitiker

mokraten ließ die ungeheuer starken Waffen, die sie in der Kriegsschuldfrage gegen das alte System besaß, ungenutzt. Diese deutsche Republik, so beklagte Carl von Ossietzky nach der Ermordung Erzbergers 1921, hätte die Dokumente, die Hindenburgs und Ludendorffs Rolle beim Waffenstillstand belegten, »Woche für Woche, Tag für Tag durch Maueranschlag verbreiten lassen und damit längst einer Geschichtslüge den Garaus« machen sollen, deren »Folgen wir noch nach Jahrzehnten spüren werden«.

Statt Staatsgerichtshof gab es einen parlamentarischen Untersuchungsausschuß: Hindenburg – als »grollender Wotan« (Ossietzky) – und andere verschwiegen ihre »Blamage« und diffamierten und bekämpften die Friedensstifter als »Schädlinge«.

Erzbergers Unterschrift unter den Waffenstillstand hatte den Krieg beendet und die Welt verändert. »Frieden!« Die geschundenen Soldaten in den Schützengräben mochten es kaum noch glauben. Was sie eigentlich wollten, wurden die meuternden Matrosen an Bord der »Thüringen« gefragt: »Wir wollen Erzberger!« rief daraufhin ein Matrose unter lautem Beifall. Erzbergers Unterschrift unter den Waffenstillstandsvertrag, seine Befürwortung des Versailler Vertrages, seine Reichsfinanzreform setzten aber zugleich einen Rufmord-Feldzug ohnegleichen gegen den Friedenspolitiker in Bewegung. Theodor Plievier, der sich mit den Weltkriegsromanen »Des Kaisers Kulis« und »Der Kaiser ging, die Generäle blieben« einen Namen machte, erkannte die Tragik des Ganges nach Compiègne: »Erzberger schreibt seinen Namen unter das Dokument und weiß nicht, daß er damit sein Todesurteil unterfertigt.« Der »Stalingrad«-Autor fügte

später hinzu: »... an ihm vollzogen von Leuten, die die Verantwortung für diesen schweren Akt auf seine Schultern abwälzten«.

»Und wie dein Blut die Steine netzte ...«

Oppenau im Renchtal, der Ort des schrecklichen Attentats auf den früheren Bundesinnenminister Wolfgang Schäuble, war schon einmal Ausgangspunkt eines Anschlags auf einen für die Geschichte der deutschen Einheit bedeutsamen Politiker. Zwei junge Ex-Offiziere hatten sich im Sommer 1921 dort im Gasthof »Zum Hirsch« einquartiert. Ihre Absicht war, den Reichsfinanzminister a.D. und Reichstagsabgeordneten des Zentrums Matthias Erzberger zu ermorden. Die 27- bzw. 28jährigen Heinrich Schulz und Heinrich Tillessen, Söhne aus gutbürgerlichem Hause, waren in München der »Organisation Consul« beigetreten, deren oberster Führer der Freikorpskommandant Hermann Ehrhardt war – ein aus Diersburg (Baden) gebürtiger evangelischer Pfarrersohn. In diesem als »Bayerische Holz-Verwertungs-Gesellschaft« getarnten Geheimclub gehörten sie zur Sondergruppe »Germanenorden«, die der Kapitänleutnant a.D. Manfred von Killinger leitete. Einziger Zweck dieser »GmbH« war die Planung politischer Morde. Die Mordschützen wurden ausgelost.

Schulz und Tillessen hatten ihrem Opfer schon eine gute Woche systematisch nachgespürt, zuerst in Biberach, dann in Beuron, zuletzt in Bad Griesbach, wo sich Erzberger mit seiner Familie im Kurhaus der katholischen Schwestern erholte. Daß die Kugeln, die ihn treffen sollten, bereits gegossen waren, sagte Erzberger selber voraus.

Die Attentäter waren am späten Vormittag des 26. August 1921 Erzberger und seinem Begleiter, dem Reichstagsabgeordneten Carl Diez, auf ihrem Spazierweg gefolgt. Tillessen schoß aus nächster Nähe 4 Kugeln auf Erzbergers Stirn und Brust. Von dem plötzlichen Angriff überrascht, sprang Erzberger etwa 10 Meter den Abhang neben der Kniebißstraße hinunter. Dabei wurde ihm der Ring, den Papst Benedikt XV. ihm geschenkt hatte, abgerissen. Tillessen schrie: »Ihm nach«. Beide Mörder verfolgten den Schwergetroffenen. Eine große Blutspur führte sie die Böschung hinunter, wo sie ihr Opfer unter einer Rottanne fanden. Schulz gab dann noch auf den bereits tödlich verletzten Erzberger zwei Fangschüsse ab.

»Ich sah Erzberger leblos am Fuße einer Tanne liegen«, erinnerte sich der Begleiter Diez: »Wie friedlich schlummerte er da, das Gesicht jedoch stark mit Blut überlaufen. Bei dem toten Freunde stehend, sah ich die Mörder in geringer Entfernung zwischen den Bäumen des Waldes.« Als der selber schwerverletzte Diez gegen 17 Uhr durch Oppenau nach Offenburg in die Klinik transportiert wurde, saßen die beiden Erzberger-Mörder seelenruhig beim Nachmittagskaffee im »Hirsch«. Sie konnten dann unbehelligt am gleichen Abend um 18.45 Uhr mit dem Zug Richtung Appenweier und dann weiter nach München und einige Tage später, vom Münchner Polizeipräsident mit falschen Pässen versehen, ins Ausland gelangen. Von den Nazis als »Patrioten« belobigt, wurden sie erst 1947 und 1950 zu 15 bzw. 12 Jahren Zuchthaus verurteilt, aber bald darauf, 1952 (mit Gründung des Bundeslandes Baden-Württemberg), begnadigt.

Nachruf

Gehaßt, weil du Konkursverwalter
der Pleitefirma Deutsches Reich,
liegst du zerschossen als ein kalter
und toter Mann − und Deutschland
    ist das gleich.

Es kostet nichts. In Blutkapiteln
erlebten wirs − was kriegt solch
    Vieh?
Den Auslandspaß − ›Nichts zu
    ermitteln‹:
so kämpft der Geist der Monarchie.

Gehaßt, weil du Zivilcourage
den Herren vom Monokel zeigst-
weil du schon Siebzehn die
    Blamage
der Ludendörffer nicht verschweigst
...

Das kann der Deutsche nicht ver-
    tragen:
daß Einer ihm die Wahrheit sagt,
daß Einer ohne Leutnantskragen
den Landsknechtsgeist von dannen
    jagt.

So fielst du.
Hinter deiner Bahre
gehn grinsend, die den Mord gewollt:
in Uniform und im Talare
der wildgewordne Teutobold.

Und wie dein Blut die Steine netzte,
da atmet auf das Militär.
Es kondoliert, wer grad noch hetzte
...
Du warst der Erste nicht − bist nicht
    der Letzte.
Prost Helfferich!
Der kommt nicht mehr.

(Kurt Tucholsky alias Theobald Tiger, in: »Die Weltbühne« vom 8.9.1921)

Erzbergers Ermordung war eine entscheidende Zäsur für die Weimarer Republik, für die Weimarer Koalition aus Zentrum, Sozialdemokraten und Demokraten. Es traf den Pionier demokratischer, republikanischer Realpolitik. Der Erzberger-Mord war das erste Signal für den Niedergang der Weimarer Republik. Man hat gesagt, daß in Weimar der Tod »Anti-Republikaner« gewesen sei. Was wäre aus Deutschland geworden, wenn Erzberger wirklich weitere 12 Jahre politische Tätigkeit an entscheidender Stelle gegönnt worden wären? Aber der gewaltsame Tod, der ein Meister aus Deutschland ist, versperrte alle historischen Möglichkeiten.

Seit dem Doppelmord an Rosa Luxemburg und Karl Liebknecht waren bis zum Herbst 1921 schon 331 Menschen politischen Fanatikern zum Opfer gefallen, 316mal kamen die Mörder von rechts. »Nr. 316 war Erzberger«, notierte Maximilian Harden. Die Schüsse, die Erzbergers Leben auslöschten, »läuteten eine neue Ära ein« (Kurt Pritzkoleit): Das Vierteljahrhundert des politisches Mordes begann, bis hin zu den Liquidationskampagnen in deutschen Konzentrationslagern; die Massenmorde, Auslöschung lebensunwerten Lebens, Ausrottung einer politischen Führungsschicht, und der millionenfache Mord an Juden, Polen und Geiseln aller Nationen – dies alles, so Pritzkoleit, »erwuchs aus dem Samen, der in den ersten Nachkriegsjahren bereitwillig von deutschem Boden aufgenommen worden war«. Der Damm gegen rechts, den Erzberger mühsam aufgeschichtet hatte, war bald nach seiner Ermordung zerborsten.

Es ging nicht mehr nur um Erzberger, es ging um die Demokratie. Ein schwäbischer Zeitgenosse Erzbergers, der Stuttgarter Kommunalbeamte Fritz Elsas, in seinen Erinnerungen über die Weimarer Republik: »Am Anfang der planmäßigen Hetze gegen Staat und seinen Bestand, am Anfang der neuen Offensive gegen Republik und Staatsgedanken stand Erzbergers Ermordung ... Für deutsche Verhältnisse war er ein politischer Kopf, der die Aufgabe des Staates und der Stunde, in der er lebte, richtig sah.« Daß er für die Rechte der meistgehaßte Mann war, das bestätigte Elsas.

Von Kurt Tucholsky war Erzberger in der »Weltbühne« geachtet und respektiert worden – vor allem sein unerschrockener Mut, seine Zivilcourage, seine Tapferkeit. In dieser »zufälligen Republik« war keiner, wie es Tucholsky in jenen Tagen erkannte, der es wagte, die erschlichenen, dahinfaulenden Rechte mit einem Fußtritt zu beseitigen. Einer hatte es einmal gewagt, und der hat es büßen müßen: Erzberger. »Und Deutschland weint'«? fragte Tucholsky. Am frischen Grab Erzbergers 1921 weinte nur ein kleiner Teil des 70 Millionen Reiches: 30 000 in Biberach. Paul Löbe, der Reichstagspräsident, der selbst am Grabe Erzbergers sprach, in seinen Erinnerungen:

»Ein Sturm der Empörung ging durch die linksgerichteten Kreise und das Zentrum, bei dem Erzberger, besonders im niederen Klerus, starken Anhang besaß. 200 dieser Kleriker begleiteten seinen Sarg auf den Friedhof in Biberach, und der Nachruf des Reichskanzlers Joseph Wirth am Grabe steigerte sich zu einer Anklage von erschütternder Wucht. Was auf einem katholischen Friedhof kaum jemals geschehen

sein mag, tausendstimmige Pfui-rufe hallten über die Gräber, als Wirth die wahren Urheber der Bluttat anprangerte.«

Eine halbe Million meist sozialistisch und kommunistisch eingestellter Arbeiter gingen mit roten und schwarz-rot-goldenen Fahnen für den christlichen Arbeitersekretär und Zentrumsabgeordneten am Tage seiner Beerdigung auf die Straße mit Parolen wie »Hoch die Republik! Nieder mit den nationalistischen Mordhetzern!« Und der Student Gustav W. Heinemann schrieb am 29. August 1921 in sein Tagebuch: »Die vor wenigen Tagen erfolgte Ermordung Erzbergers löst ungeahnte Weiterungen aus. Die Mörder und geistigen Hintermänner mögen sich schon heute darüber klar sein, daß die Tat nicht nur ein abscheuliches Verbrechen, sondern eine ebenso große Dummheit war. – Das entschlossene und geschlossene Eintreten der Sozialisten für diesen bürgerlichen Politiker ist bei alledem das Erhebende.« Ernst Reuter, 1921: »Eine ungeheure Erregung belebt die deutschen Arbeitermassen, die Indifferenten nicht weniger als die Organisierten. Die sozialistischen, ja sogar die christlichen Arbeiter, die ganze Arbeiterschaft fühlt sich instinktiv bedroht. Sie spürt die Notwendigkeit des Zusammenhaltens und der zielbewußten Gegenwehr.«

Aber sonst: Da lag Erzberger im Laub eines Waldwegs am Fuß einer Tanne unterhalb der Kniebisstraße im Schwarzwald – liegengelassen bis zum nächsten Morgen, »zerschossen als ein kalter und toter Mann – und Deutschland ist das gleich« (Tucholsky). Erzberger, die Säule des noch nicht fertigen Gebäudes Demokratie, war gestürzt. Ohne Nachfolger.

Die »Weltbühne« verabschiedete sich vom ermordeten Erzberger mit den Worten: »Der anständige Teil des deutschen Volkes, für dessen Glück Erzberger gelebt und gestritten hat, schreibt seinen Feinden, schreibt den Genossen seiner Mörder mit Flammenschrift an die Wand: Exoriare aliquis ...« [Möge aus unseren Gebeinen dereinst ein Rächer entstehen]. Und Joseph Roth schrieb zu dem bayrischen Geheimorden, dessen »Zweck der phrasenumsponnene Mord ist«, 1922, als Außenminister Rathenau, »dem der freundliche Schwabe Erzberger die Tür zur Macht geöffnet hatte« (Harden), das nächste Opfer war: »Dieser Mord war ein tausendfacher, nicht zu vergessender, nicht zu rächender.« Thomas Mann warnte im selben Jahr in seiner Rede »Von deutscher Republik« vor der großen Gefahr,

»wenn sentimentaler Obskurantismus sich zum Terror organisiert und das Land durch ekelhafte und hirnverbrannte Mordtaten schändet.«

Für Arnold Zweig ist Erzberger zu einer seiner Romanfiguren geworden: der Mann, den die Militärs »haßten und fürchteten«. Arthur Schnitzler notierte am 31. August 1921 in sein Tagebuch: »Gespräch über Politisches (anlässlich des Mordes an Erzberger).«

In Oppenau wurde am Sonntag, den 28. August 1921, in der Kirche, in der der ermordete Erzberger aufgebahrt war, eine Totenmesse gelesen. In Oberkirch, Konstanz, Stuttgart (Hauptredner: Eugen Bolz) und an anderen Orten fanden Ende August/Anfang September 1921 Protestversammlungen statt.

Jubel bei der nationalen Opposition dagegen über den Erzberger-

Mord, nachzulesen in den einschlägigen Presseorganen. Es sind Dokumente menschlicher und politischer Verkommenheit. »Im Namen des Volkes auf der Kuhhaut zum Richtplatz geschleift, dort mit glühendem Eisen gebrandmarkt und an den höchsten Galgen gehängt: Das war der Tod, den Erzberger verdiente« (»Volksstimme« Nürnberg /München) Oder:»Erzberger, dessen Geist leider heute noch in so vielen Behörden, Verwaltungen und Gesetzen herrscht, hat den Lohn erhalten, der ihm als Vaterlandsverräter zukam.« (»Oleskoer Zeitung«). Eine altliberale Wochzeitung: »Erzberger wäre um 50 Prozent weniger verhaßt gewesen, wenn er nicht katholisch gewesen wäre«. Aber Nationalisten, darunter auch bayerische Katholiken, hetzten vor allem damit, daß er gar nicht katholisch, sondern ein Jude gewesen sei. Die »Christliche Welt«: »Ungeheuerlich ist es, mit welchem Jubel ungezählte evangelische Christenleute diese Nachricht begrüßt haben. Ungeniert macht sich die Stimmung laut, auf den Straßen, in den Eisenbahnen, in den Familien.« Am Abend des Mordtags gab es auch »Feiern« mit solchen »Liedern«:

»Nun danket alle Gott
Für diesen braven Mord.
Den Erzhalunken, scharrt ihn ein,
Heilig soll uns der Mörder sein,
Die Fahne schwarz–weiß–rot!«

»Du guter Mond aus Buttenhausen«

Wer war dieser Matthias Erzberger, von dem Ex-Kanzler Bernhard v. Bülow in seinen Memoiren zu wissen meinte: »In hundert, vielleicht schon in fünfzig Jahren wird sein Andenken versunken und vergessen sein«? Am Ende des 20. Jahrhunderts, im Zeichen der deutschen Wiedervereinigung, angesichts der Aktualität eines echten »Völkerbundes« als Weg zum Weltfrieden, ist, was Erzbergers historische Bedeutung angeht, eher das Gegenteil der Fall.

Ein »Kraftmensch von der Art des Herrn Erzberger«, wie ihn der elsässische Schriftsteller René Schickele 1913 charakterisierte, war es, der an entscheidender Stelle, als ein »großer Mann des Parlamentarismus« (Eschenburg) 1917/18 mithalf, weiteres Blutvergießen zu verhindern: so wurden im wahrsten Sinne des Wortes viele zehntausend junge deutsche und französische Soldaten vom Tod in den Schützengräben gerettet – eine friedenspolitische Tat, die auf dem Symposium in der Heimatgemeinde Buttenhausen zum 115. Geburtstag Erzbergers ganz besonders hervorgehoben wurde; ohne Beispiel ist dieses historische Verdienst des »heimlichen Reichs-Kanzlers« der Jahre 1918/20, der zugleich einer der Architekten der Weimarer Verfassung war.

Welch ein Lebensweg: Aus kleinen Verhältnissen stammend – Volksschullehrer im Königreich Württemberg – Redakteur des katholischen »Deutschen Volksblattes« – Arbeitersekretär – Zentrumspolitiker – Verfasser von über vierzig Schriften, wie zum Beispiel über das neue Militärpensionsgesetz (1906) oder über den Verständigungsfrieden (1917): Erst Annexionist , dann Pazifist, erst kaiserlicher Staatssekretär, dann republikanischer Minister, erst Aufsichtsrat bei Thyssen, dann Propagandist christlich-solidarischer Werkgenossenschaften.

Über Matthias Erzbergers Herkunft wurden gezielt Lügen in die Welt gesetzt: »der Sohn eines jüdischen Viehhändlers mit einer

Dienstmagd« (so fälschlicherweise in Pamphleten von 1919 oder im »Fridericus« von 1934). Völkische und NS-Kreise wollten den angeblichen »Reichsverderber« und »Novemberverräter« von 1918 noch mehr verteufeln, indem sie ihn mit den gleichfalls verteufelten Juden in Beziehung brachten, ihn gar 1933 – abgebildet neben dem knapp fünf Monate jüngeren Adenauer in der Hetzschrift »Juden sehen Dich an« – als »Blutjuden« bezeichneten. Obwohl diese Lüge, auch von Erzberger selber, anhand der Kirchenbücher richtig gestellt wurde (»ich stamme aus urdeutscher und urchristlicher Familie«), ist sie immer wieder verbreitet worden.

Tatsächlich ist Matthias Erzberger – geboren am 20. September 1875 als der Sohn des katholischen Schneidermeisters und Postboten Joseph Erzberger aus Gundelfingen und einer Bauerntochter vom Fladhof bei Buttenhausen – aufgewachsen in dem rund 800 Seelen-Dorf Buttenhausen auf der Schwäbischen Alb, das damals je zur Hälfte evangelisch bzw. jüdisch war. Obwohl der Vater Erzbergers katholisch war, wählte der tolerante Gemeinderat ihn wegen seines charaktervollen und sicheren Auftretens zum Gemeindepfleger. Erzbergers Geburtshaus steht noch heute in der Mühlsteige 21, der alten Judengasse – Schauplatz einer großen Feier, als 1927 das Reichsbanner »Schwarz-Rot-Gold« die Erzberger-Gedenktafel, für den »Minister in Deutschlands schwerster Zeit«, einweihte (Ein Festredner, Hans Freytag, Reutlinger Stadtrat und Verlagsleiter des »Generalanzeigers«: »Vor dieses Häuschen sollten unsere Bauern und Handwerker, unsere Arbeiter und Beamte mit ihren Buben pilgern.« 1933 wurde Freytag in-

haftiert; der Generalanzeiger trennte sich von seinem demokratisch exponierten Teilhaber.)

Maximilian Harden deutete das Kindheitserlebnis seines Freundes an, allerdings nicht nach irgendeinem Bericht, sondern wie er sich dessen katholische Diaspora ausmalte: »Der kleine Matthias spürt in Buttenhausen die Hitzewelle des Kulturkampfes, spielt auf dem Viehmarkt, wird in die von Escobar und Busembaum dicht verklammerte talmudo-katholische Dialektik des Gewissens eingeschult ...«

Erzbergers schwäbisch-gutmütiges, robustes Wesen, rauh, aber herzlich, wurde im Lautertal geprägt: einfache Herkunft, katholische Religion und schwäbische Eigenart. Man schickte ihn auf ein Schullehrerseminar, das er als Bester seines Kurses abschloß. Seinem weiterstrebenden Geiste sagte aber die Enge einer Schulklasse nicht zu. Er wandte sich der praktischen Politik zu. Der gleichen Altersgruppe des Kölner Oberbürgermeisters und ersten deutschen Bundeskanzlers angehörend zählte Erzberger zu den »jungen Löwen der siebziger Jahre«.

Im Jahre 1903, noch als 27jähriger, wurde er – der Arbeitersekretär und Redakteur des katholischen »Deutschen Volksblattes« (seit 1896), ein »Volksanwalt« im besten Sinne, der sich im Kampf für soziale Gerechtigkeit und gegen bürokratische Mißbräuche bereits einen Namen gemacht hatte – jüngster Reichstagsabgeordnete für die Zentrumspartei im Wahlkreis Biberach-Leutkirch-Wangen-Waldsee. Erzberger zählte zu einem neuen Typus: Er war einer der ersten Berufspolitiker, neben Harden der demokratische Vorläufer der späteren deutschen Republik bereits in der wilhelminischen Ära (so Arthur

Rosenberg). Ein mutiger, unerschrockener, klarsichtiger, fleißiger, konfessionelle Vorurteile überwindender Volksvertreter mit unbändigem Tatendrang. Ein Meister der freien Rede, sachkundig, überlegen, temperamentvoll, witzig, taktisch klug, sagen die einen; »der famose Erzberger« (Max Hermann-Neiße), »unsympathischer kleinstbürgerlicher Kerl ... diese drollige, schlecht sprechende, ungeschickte Gestalt« (Graf Kessler) die andern.

Viel Feind viel Ehr. Obwohl einer der scharfzüngigsten Broschürenschreiber seiner Zeit, nicht müde werdend, Material zur Bekämpfung der Sozialdemokratie zu sammeln, tat er dies nicht in gehässiger, verächtlicher Weise. Er war kein Ideologe, die Kunst des Möglichen war sein oberstes politisches Prinzip. Um nur ein Beispiel zu nennen: Er überwand seine anfängliche Abneigung gegen jüdische Intellektuelle: »Vor einem Juden, der den Glauben seiner Väter hochschätzt und danach lebt, habe ich allen Respekt«, schrieb er 1912 und erwähnte die Tatsache, daß der katholische Volksteil sich vom Antisemitismus im allgemeinen ferne gehalten hat. Aus der Erkenntnis, daß die jüdische Religion bis zum Ende der Welt bestehen werde, leitete Erzberger ab, daß jede staatsbürgerliche Zurücksetzung der Juden zu mißbilligen sei, und setzte sich für die israelitischen Kultusgemeinden auch in seinem »Toleranzantrag« von 1906 ein. Erzberger, 1920: »Ich verurteile die antisemitische Hetze, die zurzeit in Deutschland von gewissen Kreisen organisiert und betrieben wird, aufs schärfste.«

Man hat Erzberger seine einfache Herkunft, sein Schwabentum, seine fehlende militärische Ausbildung, seinen Volksschullehrerstand immer wieder angekreidet. Immerhin war er ab 1902 für mehrere Semester an der schweizerischen Universiät Fribourg eingeschrieben, um volkswirtschaftliche und juristische Studien zu betreiben, an einer Hochschule, die die Sozialenzyklika »Rerum novarum« Papst Leos XIII. entscheidend mit vorbereitet hatte. Schon 1904 wurde Erzberger Mitglied des einflußreichsten Reichstagsgremiums, der Budgetkommission, im Haushaltsausschuß also. Er gab die Berichte und Korrespondenzen der Zentrumsfraktion heraus, besaß das beste politische Archiv jener Zeit, auch zu Nutz und Frommen gegnerischer Parlamentskollegen, und er fand sogar Zeit, eine allseits beliebte Zitatensammlung zu veröffentlichen mit dem Titel »Der Humor im Reichstage«. Drei Beispiele:

Bibelkenntnis: Einem kaiserlichen Staatssekretär gestand er mildernde Umstände zu, als dieser Erzberger unterstellte, er hätte in einer Rede achtzigmal das Wort Bürokratie gebraucht. Erzberger konterte, bibelfest, mit Matthäus 18, Vers 22.

Der Landrat: »Glauben Sie ja nicht, daß ein Landrat oder ein General allein reist; immer hat er einen großen Kometenschweif hinter sich.«

Der Kolonialdirektor Erbprinz Hohenlohe: »Er kam, nahm Vorschuß und verschwand.«

Erzbergers leidenschaftlicher Kampf gegen die Kolonialskandale in den Jahren 1905/6 führte zur Reichstagsauflösung. Erzbergers sprichwörtlicher Fleiß war im politischen Leben Berlins bekannt; er arbeitete wie ein Kraftwerk, 16 Stunden am Tag. »Du guter Mond aus Buttenhausen!« So sah ihn Tucholsky: »Matthias lächelt ... Wenn auch die bösen Stürme brausen – sanft strahlt dein mildes Rund empor«.

Er trug einen hellblonden gestutzten Schnauzer, an den sich seine Tochter Gabriele erinnern kann, weil er immer kratzte, wenn ihr Vater ihr den Gute-Nacht-Kuß gab. Er hatte dunkelblondes Haar, das er in der Mitte gescheitelt trug. Von Olaf Gulbransson, dem »Simplicissimus«-Zeichner, ist er 1917 auf eine charakteristische Weise gezeichnet worden. Matthias Erzberger schaut hellwach, voll großem Interesse, durch den Zwicker, in eine Tageszeitung. Ein schwäbischer Charakterkopf: wie Gulbransson ihn mit wenigen Strichen festgehalten hat, so hat sich der kleinen Gabriele Erzberger ihr kaum über 40jähriger Vater eingeprägt. Hängebäckchen, breiter Mund, schmunzelnd, eine heitere Miene – ein fröhliches Wesen war ihm eigen. Er konnte lustig lachen. »Wenn Matthias kommt, kann man nicht Nein sagen«, hieß es schon zu Zeiten des Saulgauer Seminaristen.

Er erledigte ein großes Pensum, war tüchtig, angriffslustig, gütig und gutgläubig. Das Leben schmeckte ihm. Stefan Grossmann schildert seinen Freund so: »Matthias der Fröhliche, war kein Welterlöser. ... er war ein Volkskind, er vergaß nicht zu rechnen. Sein schlimmstes Laster war eine an allen Ecken einsetzende Arbeitslust. Er war gewohnt, von Herrgottsfrühe bis in die späte Nacht zu konferieren, zu studieren, zu beraten, zu reden, zu schreiben. ... Er hatte Lust zu seinen Tätigkeiten, Lust an der Politik, Lust an der Macht, Lust an der Förderung seiner Freunde, Lust an Wein, Braten und eine gut katholische Lust an Gott.« Die »Vossische Zeitung« über den Abgeordneten aus Biberach: »Im schwäbischen Oberland, bei seinen Bauern, die ihn abgöttisch liebten, suchte er in stiller Zurückgezogen-

heit Schutz und Erholung.«

Erzberger war ein überzeugter Christ, nicht aber ein militanter Katholik. Er dachte viel zu vernünftig, um die Einkapselung der Zentrumspartei innerhalb rein konfessioneller Schranken zu begrüßen. »Er erkannte, wie unsinnig es war, alle Parteientscheidungen spezifisch katholischen Prinzipien unterzuordnen« (Epstein).

Geistig besaß er das Selbstvertrauen und die Selbstsicherheit eines Mannes, der aus einfachen Verhältnissen aufgestiegen ist: »Sein Schwabentum führte dazu, daß er sich dem linken Flügel des Zentrums anschloß«, konstatierte sein Biograph Klaus Epstein. Tief verwurzelt in den demokratischen Traditionen seines Heimatlandes hegte der inzwischen zum Mitglied des Fraktionsvorstands Aufgestiegene eine ausgeprägte Abneigung gegen Adel, Privilegien, preußischen Militarismus und bürokratische Routine (»Wir haben zuviel Beamte im Deutschen Reich«).

Im allgemeinen Taumel billigte er die Kriegsannektionsziele zu Beginn des Ersten Weltkrieges, damals noch als Sprachrohr der Firma Thyssen. Im Frühjahr 1917 vollzog sich eine Wandlung seiner Ansichten – er durchschaute die ganze Schwierigkeit der militärischen Lage. Beschwichtigende Worte genügten dem hellwachen, gut informierten Zentrumsdemokraten Erzberger nicht mehr: »Die Berechnungen über die Wirkungen des uneingeschränkten U-Bootkrieges sind total zusammengebrochen«. Der einfache Schneidersohn aus Buttenhausen, damals zuständig für die Propaganda im neutralen Ausland, schrieb in diesen kriegerischen Zeiten eines der bedeutendsten Kapitel unserer Geschichte: Nach drei Jahren verheerendstem Krieg setzte sich Erzberger an die Spitze der Opposition und plädierte für einen sofortigen Verständigungsfrieden ohne erzwungene Gebietserwerbungen und für eine dauernde Aussöhnung der Völker. Der Initiator der Friedensresolution von 1917, der damit den Grundstein für die demokratische Weimarer Republik legte (»Das war eine revolutionäre Tat« laut Arthur Rosenberg), hatte zugleich den Geist von Buttenhausen in die Reichsmetropole verpflanzt. Dieser Geist der Humanität und des friedlichen, freundschaftlichen und verträglichen Zusammenlebens unterschiedlicher Konfessionen war seit dem Judenschutzbrief des Jahres 1787 in dieses Albdorf eingezogen. Die Wertschätzung von Demokratie und Liberalität, Recht und Toleranz, Friedfertigkeit und Solidarität, das war seit 1917 zur Richtschnur für Erzbergers politisches Handeln geworden. Noch 1914 hatte Erzberger geschrieben: »Die größte Rücksichtslosigkeit im Krieg gestaltet sich tatsächlich bei vernünftiger Anwendung zur größten Humanität.«. Nach drei Jahren − »bis zum Rand angefüllt voll Leid und Blut und Tränen« − war nicht nur der − laut Tucholsky − einst »wilde Weltannexionist« Erzberger zur Besinnung gekommen. Mit ungewöhnlichem politischem Spürsinn für Überlebensfragen verfaßte er selber im August/September 1918 die Schrift »Der Völkerbund. Der Weg zum Weltfrieden«, die eine weite Verbreitung fand und sogleich ins Französische [»La ligue des peuples. Les conditions de la paix mondiale«], Englische [»The league of nations. The way to the world´s peace«] und Dänische [»Folkenens Forbund. Vejen til Verdensfreden«] übersetzt wurde: »Der Völkerbund als ewiger

Bund zur friedlichen Erledigung aller zwischen völlig gleichberechtigten Staaten entstehenden Streitfragen«. Er beschwor den »neuen Geist der Gemeinschaft der Völker«, der aus dem deutschen Volke kommen müsse, die »ewige Idee von der Solidarität der Menschheit«. Erzberger hatte sich sehr eingehend mit der deutschen Geistesgeschichte befaßt: »Christentum, deutsches Recht, deutsche Denker (Kant, Fichte), sie führen auf die Probleme des ewigen Friedens hin.«

Mit den bisherigen Methoden der Politik komme die Menschheit nicht weiter: »Der Krieg hat hoffentlich zum letztenmal ein ungeheures Bacchanal gefeiert, an dem er zugrundegehen muß, weil er seine Ohnmacht, ein ordnendes Prinzip zu sein, bewiesen hat ... Wie oft verbergen sich nicht hinter der nationalen Maske brutale kapitalistische Interessen?«

Den »Romantikern des Krieges« − und da durfte sich ein »Stahlgewitter«-Heimkehrer wie Ernst Jünger durchaus angesprochen fühlen − schrieb Erzberger ins Stammbuch: diese Romantiker des Krieges, »die den Krieg den Andersdenken damit schmackhaft machen wollen, daß sie ihn als etwas Heiliges, die Menschheit Beglückendes, ja als ein Element der göttlichen Weltordnung bezeichnen, derart daß der göttliche Wille sich in dem Donner der Kanonen und in dem Gemetzel der Schlachten verkörpere ...« − solche Kriegsverherrlichungen würden bei Friedensschluß die von den Feldern des Grauens zurückkehrenden Soldaten sich verbitten: »11 Millionen Tote, 19 Millionen Kriegsbeschädigte, der Verlust von mehr als einem Fünftel des Wertes der ganzen Welt war die Gesamtbilanz bis zum März 1918«.

George Grosz: Krieg

Erzbergers Einsicht 1918: »Der brutale Geist der Gewalt, der mit dem Schwert alles erledigen will und darum auch die Oberhand in der Politik anstrebt – diesen Geist erträgt die Welt nicht mehr.«

Die Entstehung der katholischen Friedensbewegung in Deutschland, insbesondere des »Friedensbundes Deutscher Katholiken« ging auf Matthias Erzberger zurück. Er gab seinem Gesinnungsfreund, dem Kaplan Magnus Jocham aus Heufelden bei Ehingen/Donau, dem Geschäftsführer dieses Bundes, 30 000 Goldmark zur Gründung und schrieb ihm Ende 1918: In der Ehinger Gegend »scheinen allerdings noch gewisse Leute mit Blindheit geschlagen zu sein. Sonst müßten sie sehen, daß die deutsche Gewaltpolitik allein uns in das heutige Elend hineingeführt hat.«

In seinen »Erinnerungen« urteil-

Der Eisenbahnwaggon aus Compiègne wurde 1940 nach Berlin geholt

te Erzberger über den fast zweijährigen Kampf um den Friedensschluß bis hin zum Versailler Vertrag: »Unmittelbar vor der Abstimmung sagte mir der demokratische Führer Friedrich Naumann: ›Heute brauchen wir Sie notwendig, aber in wenigen Wochen, wenn die Situation anders ist, werfen wir Sie weg‹ ... Auch dieser ›Dank‹ und aller Haß meiner Gegner macht mich nicht irre in der Überzeugung, daß damals nur die Unterzeichnung des Friedens der Weg zur Rettung des deutschen Volkes war.« Sein Landsmann, der Liberale Theodor Heuss, unser erster Bundespräsident, hielt es in den fünfziger Jahren nicht für nötig, Erzberger in die Biographien-Reihe »Die großen Deutschen« aufzunehmen.

»Gehaßt, weil du Zivilcourage« / »Es rast der See ...«

Erzberger besaß eine »schwäbische Genialität« Die Reichssteuerordnung (so bewertete ein Zeitgenosse Erzbergers dessen entscheidenden politischen Anteil am Kern der Abgabenordnung von 1919) schrieb er in einer Nacht nieder, an der Geheimräte jahrelang verzweifelt tüftelten, klammerte sich dabei an das Hölderlinsche Prinzip Hoffnung »Wo aber Gefahr ist, wächst das Rettende auch«. Er war einer von denen, so eine Würdigung aus dem Jahre 1931, die »anderswo vielleicht das größte Reich gebaut hätten, der aber in Deutschland scheitern mußte, weil er die Tragik unserer ganzen Politik unterschätzte: die Phantasielosigkeit des politisierenden Staatsbürgers«.

Klaus Epstein, der viel zu früh verstorbene Erzberger-Biograph, brachte das »Dilemma deutscher Demokratie« der ersten Weimarer Stunden auf den Punkt: »Die herrschende Schicht des wilhelminischen Reiches war nicht gewillt, den Sohn eines Schneiders aus Buttenhausen zu akzeptieren – die in Amerika so populäre Geschichte des Präsidenten Abraham Lincoln, der in einer Holzhauerhütte geboren wurde, wirkte in Deutschland nicht.«

Preußisch-Berlin wurde zu Erzbergers Feind, wie es Maximilian Harden in einer scharfzüngigen Analyse schrieb. Die Abrechnung kam dann von den Gegnern der Republik.

Ex-Kanzler Bülow verhöhnte den »Geist von Weimar«, der nicht der Geist von Goethe oder Schiller sei, sondern ein Lügengeist, der die Köpfe der führenden Männer umnebelt habe, der Geist des falschen Pazifismus, einer erträumten internationalen Verbrüderung, der Geist einer überstürzten und falsch verstandenen Demokratie.

Karl Helfferich, der 1906 wegen der Erzbergerschen Enthüllungen über Skandale in den Kolonien seinen führenden Posten in der Kolonialabteilung des Auswärtigen Amtes aufgeben mußte, späterer Direktor der Deutschen Bank, zeitweilig deutschnationaler Vizekanzler, den der erste Weimarer Finanzminister als den »leichtfertigsten aller Finanzminister« des alten Systems bezeichnete, war zum exponiertesten Feind Erzbergers geworden. Helfferich, faktischer Führer der größten Rechtspartei, griff ihn zuerst in der deutschnationalen »Kreuz-Zeitung« an, dann mit einer weit verbreiteten Broschüre, einem der gehässigsten

Druckerzeugnisse deutscher Sprache: »Fort mit Erzberger!« Überall im Lande müsse »mit unwiderstehlicher Gewalt« dieser Ruf ertönen.

»Kein Robespierre, kein Danton. Dennoch der alte Kampf«, kennzeichnete Maximilian Harden diese Jagd auf einen Gehetzten. »Es rast der See und will sein Opfer haben«, analysierte der christliche Gewerkschaftsführer Adam Stegerwald, kein Freund Erzbergers, die Stimmung auf der Rechten. Ein Stoff übrigens, den die Dramatiker von Brecht bis Hochhuth links liegen gelassen haben. »Kein Deutscher war in den letzten hundert Jahren so gehaßt worden wie Erzberger«, schrieb Epstein 1959. »Schurkenhafter Verräter«, so der abgedankte und ins Ausland geflohene Kaiser Wilhelm II. zum sog. »Erzberger-Verzichtsfrieden«.

1056 Folioseiten füllte der von Erzberger angestrengte Beleidigungsprozeß gegen Helfferich, der im Januar 1920 eröffnet wurde. Am 26. Januar 1920 verübte der 20jährige Gymnasiast und ehemalige Fähnrich Oltwig von Hirschfeld ein (mißglücktes) Attentat auf den Minister – ein »Schädling«, dessen »Unschädlichmachung« vor »dieser Justiz« gar als strafmildernd galt und vaterländischen Beweggründen entsprach. Das Gericht urteilte im März 1920 parteiisch. Erzberger trat als Finanzminister zurück, arbeitete an der Wiederherstellung seiner Ehre, und war am 17.8.1921 völlig rehabilitiert! Noch 1988 schrieb aber die Brockhaus-Enzyklopädie, daß der »Ausgang des Prozesses Helfferich-Erzberger dem Ansehen der Weimarer Republik in großen Teilen der Bevölkerung sehr schadete«. Ein historisch-objektives Urteil ist das nicht, denn der Vorwurf der Bestechlichkeit und der Unterschlagung war glatte Verleumdung. »Erzberger steht tatsächlich vor der Türe« höhnte kein Geringerer als der bayerische Schriftsteller Ludwig Thoma am 3. Oktober 1920 im »Miesbacher Anzeiger«. Thomas' haßerfüllte, anonym publizierte Glossen gegen Erzberger, »den Buttenhauser Steißtrommler«, »den Biberacher Schurken«, den »oberschwäbischen Kantönligeist« wurden überall im Reiche nachgedruckt: »Schmeißt ... Erzberger hinaus; schafft reine Luft; seid, was ihr wart, katholisch, ehrenhaft und deutsch.« Die Saat ging auf. Neun Tage nach Thomas Pamphlet war Erzberger tot – ermordet von Tillessen und Schulz, den beiden Mitgliedern des Münchner Germanenordens, jenes «bayrischen Bastards des Nationalsozialismus« (Jocham).

Die Nationalsozialisten plakatierten am 8./9. September 1921 mit meterhohen Stellflächen in München für eine Veranstaltung ihres wenige Wochen zuvor gewählten Vorsitzenden: Hitler spreche, will sagen: hetze, »in geziemender Ehrfurcht und Ehrerbietigkeit« über das Thema: »Der Johannes des Judenstaates, Mathias von Buttenhausen. Sein Werk und sein Geist«.

Nicht Erzberger, der Weltkriegsgefreite Hitler verkörperte für den Schriftsteller Ernst Jünger den neuen Typus des Führers (in einer Zeit, als dieses verhängnisvolle Wort semantisch noch nicht besetzt war). 1926 sandte er Hitler sein neues Buch »Feuer und Blut« mit der Widmung: »Dem nationalen Führer Adolf Hitler – Ernst Jünger!«. Als an erster Stelle genannter Herausgeber der Wochenschrift des Neuen Nationalismus »Standarte« (Beilage des »Stahlhelms«) formulierte er in der Ausgabe vom 12. August 1926 den »Willen einer neuen Aristokratie, die

der Krieg geschaffen hat«, die »zum Märtyrertum berufen« sei. Von diesem Artikel bestand ein direkter Zusammenhang zu einem im gleichen Heft erschienenen Pamphlet unter dem Titel »Nationalistische Märtyrer«: »Wir haben die Gemeinschaft der nationalistischen Märtyrer zu bekennen ... Tillessen und Schulz in die Welt vertrieben ... sie alle, die Mutigsten, die Dämonischen unserer Front, die Vortrupps unserer Revolutionen, wären umsonst ... verfolgt, ins Nichts gewandert, wenn wir nicht zu Ihren Taten stünden«. Wer war der Verfasser Hans Hansen? Ein Pseudonym? Ernst Jünger dürfte es gewußt haben. Noch 1929 meinte er: »gegenüber den Attentaten sollte man einen herzhaften Standpunkt einnehmen«. Daß er anerkennend vom früheren Biberacher Landrat in einer Erzberger-Gedenkschrift zitiert wurde, ohne Hinweis auf Jüngers verhängnisvolle Rolle als intellektueller Repräsentant des Nationalsozialismus, zeugt vom »würdevollen« Umgang heute mit Opfern solch geistiger Stoßtruppführer.

Und die Justiz? Der frühere Kapitänleutnant Manfred von Killinger, Vorgesetzter von Schulz und Tillessen in der »Organisation Consul«, wurde schon 1922 vom Offenburger Schwurgericht freigesprochen. Es war der Heidelberger Privatdozent für Statistik Emil Julius Gumbel (1930 außerordentlicher Professor, 1932 von der badischen Regierung die Lehrbefugnis aberkannt), »der das unvergängliche Verdienst hat, Deutschlands schwärzeste Zeit, die der Morde und Fememorde unerbittlich entlarvt zu haben« (Kurt Großmann, in: »Die Weltbühne« vom 13.9.1932). »Wir wollen auf dem Posten sein, wir wollen die Republik mit aller Macht schützen. Wir müssen aber nicht nur die Exzesse ab-

Erzbergers Heimkehr

»Jetzt bischt wieder
it Kanzler wore!
– 's nächscht' Mal,
Weible«

wehren, sondern auch ihre Quellen verstopfen.« So sprach der Reichskanzler Dr. Wirth schon 1921. Aber nichts dergleichen geschah, konstatierte Gumbel 1924, und er fand heraus: »Die einzige Verurteilung, die bis jetzt in der Erzbergersache erfolgte, betrifft den verantwortlichen Redakteur des »Offenburger Tageblattes«, Franz Huber. Dieser wurde nämlich, weil er Teile der Anklageschrift veröffentlicht hatte zu 1000 Mark (4 Goldmark) Geldstrafe verurteilt.« Als Dr. Gumbel 1925 in Tübingen sprechen wollte, lief der »Hochschulring Deutscher Art Tübingen« – 1. Vorsitzender: stud. phil. Theodor Eschenburg – Sturm gegen ihn: »eine starke Beleidigung eines jeden deutschen Studenten«; dagegen ergriff der Nationalökonom Professor Robert Wilbrandt Partei für den angegriffenen Redner: »Jemanden, der in der Minderheit ist, seinem Schicksal zu überlassen, ihn im Stich lassen, wo Max Weber, mein hohes Vorbild, ritterlich das Recht jeder ehrlichen Überzeugung, des Glaubens eines jeden, zu wahren suchte, ist nicht meine Sache.«

»Hitler ist Erzbergers Nachfahre«, schrieb 1932 Ernst Niekisch – ein Nationalrevolutionär, der in seinem Verlag auch die Memoiren des Erzberger-Mord-Anstifters Killingers (1. Auflage von 1928) veröffentlichte – in der Schrift »Hitler – ein deutsches Verhängnis« mit den berühmten Zeichnungen von A. Paul Weber. Hitler ahne nicht, »wie sehr er auch erzbergert«. Wenn Foch gewollt hätte, hätte er den Abendländer Erzberger sogleich als Kreuzfahrer gegen die »Heiden im Osten« in Marsch setzen können. Über Erzberger sind viele Vorurteile und Lügen in Umlauf gesetzt worden. Wie war es wirklich?

Erzberger bekannte in seinen »Erlebnissen im Krieg«, daß »Deutschland entgegen meiner Auffassung und meinen Protesten viel zu weit sich mit den Bolschewisten eingelassen hatte«. Am 23.7.1918 hatte er sich gegen die Entsendung von Truppen nach Moskau als Rache für Botschafter Mirbachs Ermordung gewandt, weil er fürchtete, daß damit neue Kriegshandlungen im Osten hervorgerufen werden konnten. Erich Mühsam schrieb im Sommer 1918 in einem Brief: »Erzberger ist ein sehr gescheiter Bursche, jesuitisch geschult, nur eben einsichtig genug, um aus der Brest-Litowsker Methode heilloses Umkippen zu erkennen ...«

Rainer Maria Rilke hat nach den politischen Morden an Matthias Erzberger, Walther Rathenau und anderen in einem Brief vom 30. Januar 1923 an Kenntnisse und Bekenntnisse eines Erzbergers erinnert: »Wann aber, wann wird endlich Deutschlands ungeheures Unrecht erweisbar sein?; – alle innerhalb seiner Grenzen, die es kannten und bekannten, und es mindestens als einen Posten in die übrigen Faktoren seines Bestehens und Ringens einrücken wollten, sind nach und nach beseitigt worden, es bleiben nur die Großtuer, die Profiteure, die Geldmacher, alle diese herrlichen Patrioten, die Wohlfahrt und Gewinn mit dem wahren Wohl verwechseln, an denen ihnen so

wenig gelegen ist, daß sie sich vorläufig mit allen Greueln der Bolschewisten unbesehen verbünden würden, wenn ihnen das momentan zustatten käme.«

Den Verzicht auf Macht hatte Erzberger bereits in seiner Völkerbundschrift proklamiert und ein Grundgesetz in 40 Artikeln für das Zusammenleben der Völker, einschließlich Rußland, formuliert: »Die Geschichte zeigt, daß alle Versuche, den Frieden durch Universalreiche und Weltimperien zu sichern, fehlgeschlagen sind und nur neue Blutmeere geschaffen haben. Lernen wir aus der Geschichte!« Ein gemeinsames europäisches Haus proklamierte Erzberger, als noch der übergroße Teil des deutschen Volkes anderer Meinung war. Nicht ein Marsch auf Moskau, nicht »Fortbestehen der Koalitionen – Wettrüsten – Wirtschaftskrieg«, war Erzbergers Ansatz, sondern: »Völkerbund – Dauerfriede – freier Handelsverkehr« – ein Weg zu einer neuen Epoche in der Geschichte der Menschheit.

Das Unheil kündigte sich schon 1921 an; dem Ungeist Hitlers und der vielen kleinen Hitlers wurde die Macht 1933 vollends ausgeliefert. Viele Protestanten vertauschten das Kreuz mit dem Hakenkreuz. Die demokratische Periode des katholischen Zentrums, von dessen Marschroute laut »Weltbühne« die Richtung der deutschen Politik abhing, hatte kurz nach Erzbergers Ermordung aufgehört, selbst die Führer der christlichen Gewerkschaften verleugneten ihren Mentor. Am Ende der Weimarer Republik stimmte auch das Zentrum, das nicht mehr Erzbergers Zentrum von 1919/20 war, wie die Liberalen, so auch Heuss, dann dem Ermächtigungsgesetz Hitlers zu. »Schon oft ist gesagt worden, daß die Spaltung der sozialistischen Arbeiterbewegung ein Verhängnis für die deutsche Republik gewesen ist. Aber ein nicht geringeres Verhängnis für sie war auch die Spaltung des politischen Katholizismus ... In Bayern regierte das Zentrum mit den Deutschnationalen, im Reich [Wirth] mit den Sozialdemokraten. So war der Kampf zwischen dem Reich und Bayern, der sich infolge der Ermordung Erzbergers entspann, ein Bruderkrieg im politischen Katholizismus« (Friedrich Stampfer).

1933 hieß es, wie ein württembergischer evangelischer Kirchenmann aus seinen Jugendtagen berichtet: »Von jetzt an herrscht bei uns der Geist von Potsdam und nicht mehr der Geist von Buttenhausen«. Am 21. März 1933, am »Tag von Potsdam«, reichte Generalfeldmarschall a.D. und Reichspräsident von Hindenburg dem Weltkriegsgefreiten und neuen Reichskanzler Hitler die Hand. Dem toten Erzberger hatte Hindenburg noch ins Grab nachgerufen: »Es ist nicht wahr, daß ich Erzberger jemals die Hand gegeben habe«. In der Sprache einer Pressemitteilung jener Zeit ausgedrückt: »Wären mir in dem Augenblick flüchtiger Begegnung bereits alle Einzelheiten geläufig gewesen, dann wäre wahrscheinlich auch die einfache Form der Höflichkeit entbehrlich gewesen.«

Militaristen, Antisemiten, Nationalisten, wollten mit diesem angeblichen »Geist von Potsdam« das Jahr 1918, die »Schmach von Compiègne« vergessen machen. Der Geist von Buttenhausen, der Geist des Friedens, der Verständigung und der Toleranz wurde vollends ausradiert; die Nazis vertrieben Erzbergers Jugendfreunde in die Emigration oder ermordeten sie in den Vernichtungslagern.

Max Horkheimer, 1941: »Der Ter-rorismus der heutigen Konzentrationslager wurde durch die Morde an republikanischen Führern (Erzberger, Rathenau, Haase) vorweggenommen.« Und Arnold Zweig, 1942: »Wer eine große, reiche, kulturfrohe Republik hat zugrunde gehen sehen, weil die beiden Lager der Arbeiterschaft und die kleinbürgerlich katholischen Massen nicht zueinander fanden, weil die Gräber der Liebknecht, Luxemburg, Erzberger und Rathenau nicht übersteigbar waren, hat eine Lektion gelernt.«

»Wäre das deutsche Volk nicht dem Fanatismus entwurzelter Existenzen gefolgt, hätte es sich vielmehr den Versöhnungswillen Erzbergers zu eigen gemacht«, so ist es nachzulesen in den 1948 geschriebenen Erinnerungsblättern des persönlichen Freundes Erzbergers, Dr. Joseph Hammer aus Riedlingen, »dann müßte es heute nicht vor den Trümmern seiner ganzen geschichtlichen Vergangenheit stehen ... Die Tage, in denen Erzberger lebte und wirkte, waren stürmischer, als viele wissen. Was er zuletzt im Walde von Compiègne, in den Waffenstillstandsverhandlungen zu Spa und Trier, als Finanzminister des völlig verarmten Deutschen Reiches auf sich nahm, war eine Last, unter der wohl die meisten von uns zusammengebrochen wären ... soweit hätte selbst die schärfste Kritik nicht gehen dürfen, seine ganze Person und sein ganzes Werk in Bausch und Bogen zu verdammen, ihn zuerst mit moralischer Vernichtung, dann mit leiblicher Ermordung zu bestrafen und ihm übers Grab hinaus die alleinige Schuld am Zusammenbruch des ersten Weltkrieges und am Friedensdiktat von Versailles zu geben – und das vielfach nur, weil er katholisch war. Für die Leute vollends, die mit dem Jahre 1933 ans Ruder kamen, bedeutete der Name Erzberger den Ausbund aller Schlechtigkeit und Schurkerei. Und doch war der Mann nicht klein genug, um ihn schon für alle Zeiten tot zu schweigen, und er war auch nicht, wie sie immer sagten, als Missetäter so entlarvt, daß das Urteil der Geschichte unwiderruflich feststehen würde. Vielmehr hat gerade die Geschichte ihm in grausamer Weise Recht verschafft.«

»Hier zu Land gibt es nix Erzberger«?

Wie wird Erzbergers zukunftsweisender politischer Weg der Jahre 1918 bis 1921 heute im Zeichen der späten Wiedervereinigung gewürdigt?

»In der schwersten Stunde des Deutschen Reiches und der jungen Republik habe ich das schwerste Ressort des Reichstages übernommen.« Erzbergers Rede von 1919 klingt fast wie ein vorweggenommenes Statement der neuen, gesamtdeutschen Bundesregierung nach der Bundestagswahl vom Dezember 1990: »Gemeinsam und gleich müssen die Lasten sein, und unabhängig von dem Wohnsitz des Steuerzahlers« (Erzberger damals) – gleich, ob einer in Berlin, Leipzig oder am Bodensee wohnt. (Ein Heidelberger Nationalökonom, im Sommersemester 1919 kein gutes Haar an den Maßnahmen des neuen Finanzministers lassend, wandelte sich vom Saulus zum Paulus: »wenn ein Mann Deutschland retten kann, dann ist es allein unser heutiger Finanzminister Matthias Erzberger«, sagte derselbe Professor seinen Studenten nach der Rückkehr von einer Finanzkonferenz in Berlin.)

Mit beispielloser Energie – und an der fehlte es Erzberger niemals

– setzte er die Reichsfinanzreform durch. Mit Mut, Unerschrockenheit und Willenskraft griff er in den Gang der Geschichte ein. Zwischen September 1919 und März 1920 wurden 16 Einzelgesetze verabschiedet. Waren bisher die Länder beim Steuereinzug führend, so wurde jetzt eine reichseinheitliche Finanzverwaltung installiert. Lag die Einkommenssteuer in Preußen noch bei 4 Prozent, so schnellte sie jetzt auf Spitzensätze von über 50 Prozent – und so ist es bis heute geblieben. Hermann Hesse konstatierte 1920, daß er seine Zugehörigkeit zu Schwaben mit dem Verlust seines Vermögens durch Erzbergers Finanzpolitik bezahlt habe. Durch starke Anhebung der Einkommens-, der Erbschaftsteuersätze, sowie durch eine scharfe Heranziehung der Kapitalgewinne versuchte Erzberger, die Reichsfinanzen – mittels einer reichseigenen leistungsfähigen Steuerverwaltung – zu fundieren. Der bayerische Flügel des Zentrums spaltete sich wegen dieser Erzbergerschen Finanzreform von der Gemeinschaftsfraktion ab. Ironie der Geschichte: 70 Jahre später war es des Bundesfinanzministers Waigel (CSU) Aufgabe, Erzbergers Jahrhundertwerk in der Ex-DDR einzuführen und durchzusetzen.

Wo stände heute ein Matthias Erzberger im politischen Katholizismus? Sein politisches Testament von 1921 lautete: »Der erdrückende Kapitalismus ist tot – der verwüstende Sozialismus ist tot: der christliche Solidarismus als Weltprinzip lebt!« Das klingt etwas anders als das, was Bundesarbeitsminister Norbert Blüm im Sommer 1989 als Besucher bei Lech Walesa in Danzig verkündete: Marx sei tot und Jesus lebe. Walesas »Solidarnosc«-Bewegung war ein Weg der

Hoffnung für die kommunistisch unterdrückten Länder vor 10, 20 Jahren. »Christliche Solidarität« – Ausdruck der Ablösung eines doktrinären kapitalistischen oder sozialistischen Systems und die Aufgeschlossenheit sowie die Kraft zum politischen Wandel hin zu einer gerechteren, demokratisierten Gesellschaft – hat sowohl Erzberger als Walesa geprägt, den einen bei der Gründung christlicher Gewerkschaften (1899), den andern beim Kampf um die Anerkennung der unabhängigen und sich selbst verwaltenden »Solidarnosc« (1980) : »Der christliche Solidarismus stellt die menschliche Arbeitskraft höher als das Kapital und rückt den Gemeinschaftsgedanken in den Vordergrund – ohne Beseitigung der Privatwirtschaft« (Erzberger, 1921).

Wie repräsentativ ist Erzberger heute im politischen Katholizismus, in der praktischen Politik eines sich vereinigenden Europa? Mit seinem utopischen dritten Weg, nimmt man seine pragmatischen Ansätze, hat Erzberger im Grunde den Gedanken einer echten sozialen Marktwirtschaft vorausgedacht – und dabei auch die Wege für Mitbestimmung und Werksgenossenschaften aufgezeigt.

Der demokratische Politiker Erzberger, der »durch Irrtum zur Wahrheit« gelangte, der konzeptionell denken und planen konnte, mit dem Gespür, politisch im richtigen Augenblick zu handeln – aus wahrhaft christlicher Verantwortung – und am Geist des Hasses und der sinnlosen Vernichtung zugrundeging, ist seiner Zeit immer um einige Jahre vorausgeeilt.

In der Ex-SED-Geschichtsschreibung wurde Erzberger immerhin eine Biographie gewidmet, in der er als »erfolgloser Anpassungsstrategie«

Olaf Gulbransson: Der gute Mond von Buttenhausen

abgetan wurde. Alle Versuche aber, Erzbergers ideale Lebenseinstellung in Zweifel zu ziehen, sind im Rückblick gescheitert. Der Kölner Oberstaatsanwalt Ernst Tigges, der zusammen mit Erzberger auf dem Frankfurter Katholikentag 1921 eine neue Zeitschrift gründen wollte, sagte am 3. Todestag: »Erzberger ist und bleibt eine Persönlichkeit, die, wenn man in späteren Geschlechtern sprechen wird, von der Geschichte des 20. Jahrhunderts nicht übersehen werden kann«.

Gibt es Erzberger-Straßen in Deutschland? Als 1922 die SPD in Köln zu Zeiten des Oberbürgermeisters Adenauers beantragte, den Hohenzollern- oder den Kaiser-Wilhelm-Ring nach Erzberger zu bennenen, gab es einen Tumult im Stadtrat; heute findet sich ein Erzberger-Platz im Kölner Stadtteil Nippes. Ein Erzberger-Ufer in Bonn. Eine Erzbergerallee in Aachen. Erzberger-Ebert-Rathenau-Denkmäler in Osnabrück, Essen, Dortmund, Witten und Wiedelah. Erzbergerstraßen unter anderem in Hamburg, Frankfurt, Dortmund, Essen, Mönchengladbach, Magdeburg, Chemnitz, Dessau, Hanau, Lambrecht, Ludwigshafen, Mannheim, Karlsru-

heute beibehalten und Dettingen einen Weg aus dem Jahre 1937, benannt nach Hitlers »Neuer Zeit« – ein Geschwister Scholl-Platz, beantragt vom Wilhelm und Louise Zimmermann-Geschichtsverein, wurde 1991 abgelehnt). Gilt für Bayern und manche Teile Baden-Württembergs – aber auch für andere Teile Deutschlands – immer noch Ludwig Thomas Devise von 1921: »Hier zu Land gibt es nix Erzberger!«? In Reutlingen (heute gehört Buttenhausen zum Landkreis Reutlingen) wird die Ebertstraße immer noch durchschnitten von der Hindenburgstraße.

Und im Albstädtchen Münsingen, von dem aus an jenem verhängnisvollen Morgen des 10. November 1938 »biedere« SA-Brandstifter nach Buttenhausen chauffiert wurden, um die in unmittelbarer Nähe des Erzberger-Geburtshauses gelegene Synagoge niederzubrennen, kam die schon jahrzehntelang dauernde Diskussion über einen Namensgeber für die städtische Oberschule abrupt zu einem Ende. Ein »Matthias Erzberger-Gymnasium« – es wäre das erste dieses Namens in ganz Deutschland – wird es nicht geben. In der langen Geschichte der unterlassenen Ehrung des Reichsministers ein weiteres unrühmliches Kapitel! Nur 2 (in Worten: zwei) Gymnasiallehrer von insgesamt 34 wollten im Dezember 1990 in einer offenen Abstimmung dem guten Menschen von Buttenhausen ihre Reverenz erweisen.

he, Gundelfingen im Lautertal, Rottenburg, Göppingen, Villingen-Schwenningen, Ravensburg, Munderkingen, Biberach (wo seit 1986 eine »Matthias Erzberger-Schule«, die Haus- und Landwirtschaftliche Schule im Kreisberufsschulzentrum, existiert), Stuttgart (aber kein Erzberger-Saal im dortigen Landtag; neuerdings hat die katholische Kirche ein Haus in der Landeshauptstadt nach Erzberger benannt). 2001 wurde ein Erzberger-Weg in Bad Griesbach (Schwarzwald) eingeweiht. In Berlin gibt es dagegen nur einen Erzgebirgsweg! Ebenso Fehlanzeige in München, Augsburg, Potsdam, Rastatt, Koblenz, Konstanz, Ehingen, Tübingen oder Reutlingen, und im schwäbischen Ermstal (Metzingen hat wie viele deutsche Städte die Hindenburgstraße von 1933 bis

(Gekürzter Nachdruck aus: »Matthias Erzberger – Reichsminister in Deutschlands schwerster Zeit«, 2001)

Günter Randecker, Wilhelm und Louise-Zimmermann-Geschichtsverein, Dettingen

Wolfgang Schäuble

Matthias Erzberger – ein Wegbereiter deutscher Demokratie

Gedenkstunde zum 80. Todestag am 26. August 2001 in Bad Peterstal-Griesbach

Er war kein einfacher Charakter, und er wurde auch nicht von allen Zeitgenossen als sympathisch empfunden. Dass einer ruchlos ermordet wird, macht ihn im Nachhinein noch nicht zum Heiligen.

Er war von großem Ehrgeiz getrieben, zur Selbstkritik kaum fähig, hielt sich nicht allzu sehr an Grenzen seiner formalen Zuständigkeit oder Legitimation. Er vermischte auch manchmal seine politische Tätigkeit mit wirtschaftlichen Interessen. Wer will darüber urteilen – wo es erst ab 1906 überhaupt und dann nur eine mäßige Entschädigung für Reichstagsabgeordnete gab, von der ein ehemaliger Volksschullehrer ohne sonstige Einkünfte und Vermögen seine Familie nicht ernähren und die Ausgaben seiner rastlosen Tätigkeit nicht bestreiten konnte?

Immerhin, als er zur Einsicht gekommen war, dass der Weltkrieg nicht mehr fortgesetzt werden durfte, gab er seinen Aufsichtsratssitz bei der Thyssen AG auf. Er war von dem katholischen Großunternehmer August Thyssen 1915 in den Aufsichtsrat des Konzerns geholt worden. Die Bezüge beliefen sich 1917 auf 100 000 Mark jährlich, in der damaligen Zeit für einen Mann wie Erzberger viel Geld. Als er in der Kriegszielpolitik nicht mehr mit Thyssen übereinstimmte, weil er nun für einen Verständigungsfrieden arbeitete, trennten sich die beiden, wobei Thyssen den Mann dafür bewunderte, dass er in seiner politischen Haltung finanzielle Interessen zurückstellte.

Die Sache war ihm wichtiger. Da nahm er keine Rücksicht, auf andere nicht und nicht auf sich selbst.

Das macht ihn zu einem der Großen im zu Ende gehenden Kaiserreich und in der kurzen Zeit, die ihm in der Weimarer Republik noch blieb. Ursprünglich war er Anhänger expansionistischer Kriegsziele. Aber als er begriff, dass der Krieg nicht mehr zu gewinnen war, setzte er die Friedensresolution im Reichstag durch. Und nachher führte er die Waffenstillstandsverhandlungen und kämpfte für die Annahme des Friedensvertrages. Dass ihn die Militärs und die Nationalisten danach zum Sündenbock stempeln konnten, musste er vorher gesehen haben. Dafür war er im politisch/parlamentarischen Spiel zu beschlagen. Ob er es verdrängt hat oder ob er es bewusst in Kauf genommen hat – ich weiß es nicht.

Was ihn umtrieb, war die Überzeugung, dass ein Einmarsch feindlicher Truppen ins Reichsgebiet verhindert werden musste, weil das Leiden für die Menschen und für das Land noch schlimmer geworden wäre, und die Sorge, dass noch ärgere Irrungen und Zerstörungen drohten und Deutschland auseinander fallen würde – so gefestigt war das Reich noch nicht, nicht einmal 50 Jahre nach Bismarcks Gründung und dem Scheitern des Systems im Ersten Weltkrieg. Das war der entscheidende Antrieb, und dagegen war alles andere vergleichsweise unbedeutend.

Diejenigen, die ihn deshalb Vaterlandsverräter nannten, bewiesen selbst weniger Treue zum Vaterland durch eigenen Einsatz und Übernahme persönlicher Verantwortung. Hindenburg hatte am 10. November 1918 Erzberger als Leiter der Waffenstillstandsverhandlungsdelegation zur Unterzeichnung ermächtigt und zuvor noch ausdrücklich erklärt, der Waffenstillstand müsse auch dann abgeschlossen werden,

wenn die deutschen Forderungen nicht durchgesetzt werden könnten. Aber als Erzberger im Wald von Compiègne unterzeichnet hatte und deswegen Opfer der nationalistischen Propaganda wurde, tat Hindenburg nichts, um Erzberger gegen die Verleumdung zu schützen. Und nach Erzbergers Ermordung wird Hindenburg mit dem Satz zitiert: »Es ist nicht wahr, dass ich Erzberger jemals die Hand gegeben habe«.

Dass man ihm nach dem Leben trachtete, hat er gewusst. Es hatte vor dem Mord heute vor 80 Jahren schon mehrere Attentatsversuche gegen ihn gegeben, und er hatte sich, wie andere Politiker jener Tage auch, eine Art privaten Personenschutz zu organisieren versucht, für dessen Finanzierung er übrigens auch selbst sorgen musste.

Und genauso unerschrocken trat er für Abschluss und Erfüllung des Versailler Vertrages ein. Nicht weil er von der Ungerechtigkeit des Diktates der Siegermächte nicht überzeugt gewesen wäre, sondern weil jede Alternative noch schlimmere Konsequenzen gehabt hätte.

Insofern ist er den Weg, den Stresemann später ging, früher gegangen. Und man könnte darüber spekulieren, was beide zusammen hätten bewirken können, wenn Stresemann schon früher zur Einsicht oder zur Konsequenz aus der Einsicht gekommen wäre. Gemocht haben die Beiden sich nicht. Die politischen und persönlichen Gegensätze waren wohl zu groß.

Jedenfalls, was immer man sonst im Einzelnen von seinem oft rastlosen, schwer zu kontrollierenden, auch rücksichtslosen Treiben halten mochte, als Erzberger begriffen hatte, in welcher Not das Land war und was ihm drohte, hat er alle kleinmütigen Gesichtspunkte beiseite geschoben. Und das macht ihn groß.

Als Zentrumspolitiker eher des linken Flügels hat er die Ressentiments aus dem Kulturkampf überwunden und die Verdächtigungen des Ultramontanismus widerlegt. Das ist ein zweiter Punkt, der ihn zu einem Wegbereiter deutscher Demokratie macht.

Er hat wesentlich dazu beigetragen, das Zentrum zu einer Partei zu entwickeln, die alle sozialen Schichten erreichen konnte. Für den Gedanken einer konfessionsübergreifenden Zusammenarbeit politisch engagierter Christen war er noch nicht bereit – vielleicht war es damals zu früh, vielleicht war er auch durch die Enge in der katholischen Diaspora seiner überwiegend protestantischen Heimat auf der Schwäbischen Alb zu sehr geprägt. Immerhin setzte er mit anderen in Württemberg schon 1899 gegen den Widerstand von hohem Klerus und der konservativen Kräfte im Zentrum die Gründung der überkonfessionellen christlichen Gewerkschaft durch. Und dass die Partei Verantwortung nicht nur für die eigene Klientel, sondern für alle Schichten der Bevölkerung und für den Staat als Ganzes zu tragen hatte, das bleibt ein wichtiger Beitrag von ihm. Auch sein Einsatz für die parlamentarische Demokratie – obwohl er Monarchist und nicht Republikaner war. Aber das muss kein Gegensatz sein, sieben demokratische Mitgliedsstaaten der Europäischen Union sind auch heute Monarchien, und im übrigen ist oft genug spekuliert worden, ob Hitler nicht Deutschland und der Welt erspart geblieben wäre, wenn die Monarchie hätte überleben können.

Für die parlamentarische Legitimation politischer Macht trat er ein

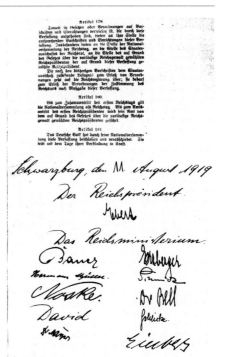

Unterschriftenseite der Weimarer Verfassung

vom ersten Tag seines Wirkens im Reichstag seit 1903. Und für parlamentarische Kontrolle der Administration, wie sich besonders beim Aufdecken der Missstände in der Kolonialverwaltung zeigte. Auch da nahm er keine Rücksicht. Das trug ihm schon damals die unversöhnliche Feindschaft mit Helfferich ein: Helfferich, hoher Beamter in der Kolonialabteilung des Auswärtigen Amtes, musste wegen der Aufdeckung des Kolonialskandals durch Erzberger 1906 zurücktreten. Er hat das Erzberger nie verziehen. Helfferich wurde später Staatssekretär, Minister, Vizekanzler und war in der Frage des uneingeschränkten U-Bootkriegs und der Kriegszielpolitik Antipode Erzbergers. Die Auseinan-

Mord Erzberger

Als Täter sind ermittelt:

1. Der am 20. Juli 1893 in Saalfeld (Saale) geborene, seit Ende April 1921 in München, zuletzt Maximilianstraße 33, wohnhaft gewesene

Kaufmann Heinrich Schulz;

2. der am 27. November 1894 in Köln-Lindenthal geborene, seit Mai 1921 in München, Maximilianstraße 33, wohnhaft gewesene

stud. jur. Heinrich Tillessen.

Schulz ist der Täter, dessen **linkes Ohr** am oberen Rand verstümmelt ist. Die nachstehenden Brustbilder stellen Tillessen dar.

Offenburg, 12. September 1921.

Badische Staatsanwaltschaft.

dersetzungen zwischen Beiden bildeten während des ganzen Ersten Weltkriegs einen wichtigen Teil des innenpolitischen Streits. Nach der Unterzeichnung des Versailler Vertrages veröffentlichte Helfferich eine Artikelserie »Fort mit Erzberger!«, die er lange selbst unter Einsatz von Privatdetektiven vorbereitet und recherchiert hatte. Politische Vorwürfe wurden mit persönlicher Diffamierung in einer diabolischen und damals ungeheuer wirksamen Weise vermischt. Erzberger musste dagegen gerichtlichen Schutz suchen, was Helfferich auch beabsichtigt hatte. Ein fairer Prozess ist es nicht geworden, aber die Geschichte der national gesonnenen Justiz in der Weimarer Zeit ist ja kein Ruhmesblatt. Obwohl Helfferich verurteilt wurde, blieb an Erzberger soviel hängen, dass er am 12. März 1920, dem Tag, an dem das letzte Gesetz seiner Finanzreform vom Reichstag verabschiedet wurde, als Reichsfinanzminister demissionieren musste.

Die Finanzreform gehört unbestritten zu Erzbergers Großtaten. Man kann die Zeit nach 1918 nicht mit unseren heutigen Gesetzgebungsprozeduren vergleichen, das gibt keinen Sinn. Aber dennoch bleibt die Leistung Erzbergers ganz unvorstellbar. Die Staatsfinanzen waren zerrüttet, die Wirtschaft lag danieder. Das Reich hatte bis zum Weltkrieg von Matrikularbeiträgen der Länder gelebt, der Krieg war mit Anleihen finanziert worden. Jetzt mussten Steuergesetze geschaffen werden, für die es im Kaiserreich keinerlei Vorlagen gab. Der Höchstsatz der preußischen Einkommensteuer hatte bei 4 Prozent gelegen, das Schwergewicht bei den Verbrauchssteuern. Angesichts damals unvorstellbar hoher Staatsschulden

und zerrütteter Wirtschaft mussten nun Einkommen – mit einem Spitzenssteuersatz von 60 Prozent – und Vermögen besteuert werden, zusätzlich eine Kriegsgewinnabgabe zur Schuldentilgung. Man kann sich vorstellen, was das für Widerstände hervorrief. Um Kapitalabwanderung zu verhindern, musste erstmals ein Kapitalfluchtgesetz geschaffen werden. Eine Steuerverwaltung des Reiches musste überhaupt erst geschaffen werden, zuvor war das Ländersache. Dazu brauchte es einheitliche Verfahrensregeln, die Reichsabgabenordnung. Und die Finanzbeziehungen zwischen Reich, Ländern und Gemeinden mussten auf eine völlig neue Grundlage gestellt werden. Wer an die Finanzausgleichsverhandlungen unserer Tage zwischen Bund und Ländern denkt, kann ahnen, was das bedeutete.

Das alles schaffte die Erzbergersche Finanzreform. Im Juni 1919 war er Finanzminister geworden, mitten im Ringen um die Annahme des Diktats des Versailler Friedensvertrages. Schon am 1. Oktober 1919 nahm die neue Reichsfinanzverwaltung die Arbeit auf. 16 Steuergesetze legte Erzberger der Nationalversammlung vor. Am 12. März 1920 war das letzte verabschiedet. Ohne diese völlig einmalige und unglaubliche Leistung der Erzbergerschen Finanzreform hätte die Weimarer Republik von Anfang an gar keine Chance gehabt. In dieser Gesetzgebung wird die überragende, zumindest in Teilen geniale Begabung dieses Mannes sichtbar, wobei er das Übermaß seiner intellektuellen und politischen Gaben gewiss nicht immer nur auf für andere angenehme Weise eingesetzt hat.

Die Abgabenordnung, auch wenn sie inzwischen gründlich überarbeitet wurde, atmet noch heute den Geist Erzbergerscher Systematik. Von den vielen Steuergesetzen, die wir heute haben, ist sie gewiss nicht das Schlechteste.

Auch mit dieser Finanzreform wurde Erzberger Wegbereiter deutscher Demokratie. Er hat bewiesen, wie leistungsfähig ein demokratisches System sein kann. Dass die deutsche Demokratie am Anfang des 20. Jahrhunderts aus dem Kaiserreich mit der preußischen Dominanz, und dazu noch im Elend des Weltkriegs und des Zusammenbruchs, nicht anders werden konnte als durch die Beteiligung der Arbeiterschicht, also durch Engagement in Gewerkschaften und Zusammenarbeit mit den Sozialdemokraten, das hat Erzberger gewusst und danach gehandelt. Er hat am Ende das Scheitern von Weimar nicht verhindert, aber dafür tragen andere die Verantwortung. Es hätte jedenfalls das Scheitern verhindern können, und es war ganz gewiss richtig. Wie viel davon nach dem Zweiten Weltkrieg zur besseren Entwicklung in der Bundesrepublik beigetragen hat, ist heute schwer zu ermessen; aber als Erbe bleibt es für unsere Demokratie wichtig.

Hier in der Ortenau ist er ermordet worden. In Offenburg wurden die mühseligen Prozesse gegen seine Mörder geführt. Der Offenburger Oberstaatsanwalt Collmann hat darüber kürzlich sehr lesenswert berichtet.

Mit den badischen Zentrumspolitikern, vor allem den späteren Reichskanzlern Fehrenbach und Wirth, kam er besser zurecht als mit Vertretern anderer Regionen in seiner Partei, mit den Württembergern natürlich auch. Mit den Bayern hatte er sich überworfen, obwohl die früher einen wesentlichen Teil sei-

ner süddeutschen Hausmacht im Zentrum ausgemacht hatten. Schon seine Politik für Waffenstillstand und Friedensvertrag war auf Widerstand gestoßen, seine Finanzreform führte zum Bruch: Die Bayerische Volkspartei löste sich im Januar 1920 endgültig vom Zentrum.

In Baden und Württemberg antwortete die Bevölkerung auf die Ermordung Erzbergers ganz überwiegend mit Trauer, Bestürzung und Sympathie, während anderswo auch die Reaktionen auf das Verbrechen unsäglich waren.

Der Radolfszeller Reichstagsabgeordnete Carl Diez war mit ihm, als er ermordet wurde. Das Gespräch der beiden auf ihrem Spaziergang, das durch die tödlichen Schüsse beendet wurde, hatte sich, wie Diez später berichtete, um die Bemühungen Erzbergers gedreht, die infamen Vorwürfe und Verleumdungen, die Gegenstand des Helfferichs Prozesses waren, zu widerlegen. Diez wurde selbst verletzt. Seinen Sohn, Theopond Diez, habe ich als Singener Oberbürgermeister noch vor nicht allzu langer Zeit gut gekannt.

Erzberger war Schwabe – man weiß das heute kaum. Seine Heimat Buttenhausen gehört heute zu Münsingen, und das ist die Heimat meiner Großmutter. Aber dafür kann Erzberger so wenig wie ich. Aber ins Badische hat er auch gut gepasst. Die Mischung aus Offenheit und Treue zum Vaterland eint uns. Separatismus war uns Badnern immer fremd. Vermutlich hätte Erzberger 1991 bei der Hauptstadtentscheidung auch für Berlin gestimmt, wie die 2/3 Mehrheit des CDU-Landesparteitages von Baden-Württemberg.

Aber die Tatsache, dass man von Erzberger so viel heute gar nicht mehr weiß, wird ihm nicht gerecht. Gerade weil er durchaus auch Ei-

Die Grabstätte Erzbergers in Biberach

genschaften hatte, an denen man sich stoßen konnte, und weil er alles andere als ohne Fehl und Tadel war, gerade deshalb ist sein Wirken in entscheidenden Momenten ein so großartiger Beweis für die Lebenskraft der Demokratie. Sie setzt nicht Heilige voraus oder solche, die sich dafür halten, sondern sie nimmt die Menschen, wie sie sind, mit Schwächen und mit Stärken. Gepaart mit Mut und Verantwortungsbereitschaft befähigt sie Menschen zu großer Hingabe und zu großen Leistungen.

Hätte Deutschland vor 80 Jahren mehr davon gehabt, wäre uns und der Welt viel erspart geblieben. Je besser wir heute Erzbergers Wirken achten und sein Erbe wahren, um so besser für unsere Zukunft.

Ansprache im Rahmen einer Gedenkstunde zum 80. Todestag von Matthias Erzberger am 26. August 2001 in Bad Peterstal-Griesbach.

Wolfgang Schäuble, Dr. jur., MdB, Bundesminister a.D.

Rudolf Morsey

Matthias Erzberger (1875–1921)
Volksmann, Patriot und christlicher Demokrat

Im Sommer 1921 wurde die Deutsche Zentrumspartei, die politische Vertretung des katholischen Volksdrittels nördlich des Main, von vier Schicksalsschlägen betroffen. Kurz hintereinander starben der Parteivorsitzende Carl Trimborn und sein Stellvertreter Eduard Burlage, der Sozialpolitiker Franz Hitze und, heute vor 80 Jahren, der Abgeordnete und Exminister Matthias Erzberger. Er wurde Opfer eines politischen Attentats, verübt von zwei Tätern aus dem rechtsextremistischen Umfeld. Deren Vertretern galt Erzberger als negative Symbolfigur der ungeliebten, ja verhassten neuen Demokratie. Es war die erst seit zwei Jahren bestehende Republik von Weimar. Sie hatte die schweren Hypotheken des verlorenen Weltkriegs und der mit seinem Ausgang verschwundenen Monarchien zu bewältigen.

I

Das Andenken an den christlichdemokratischen Politiker Matthias Erzberger wurde in der ersten deutschen Republik, die keine wehrhafte Demokratie kannte, von der politischen Rechten und wenig später dann von den Nationalsozialisten verunglimpft. Nach 1945 geriet Erzberger, wie so viele Politiker seiner Generation, weithin in Vergessenheit, nicht allerdings in seiner engeren Heimat, in Biberach a.d. Riß, wo er begraben liegt. Sie würdigte ihn 1951 aus Anlass des 30. Jahrestags seiner Ermordung.

Dabei sprachen die Landtagspräsidenten der damals noch getrennten Länder Württemberg-Hohenzollern und Württemberg-Baden, Karl Gengler (CDU) und Wilhelm Keil (SPD). Beide hatten 1921 an Erzbergers Beerdigung teilgenommen. Anwesend waren auch Erzbergers

Witwe mit ihrer jüngsten Tochter sowie der frühere Reichstagsabgeordnete Carl Diez, der Erzberger auf seinem Spaziergang am 21. August 1921 begleitet hatte und von dessen Mördern selbst angeschossen worden war. 1971, anlässlich des 50. Todestags, hielt Theodor Eschenburg die Ansprache. Dabei konnte er sich auf die inzwischen vorliegende erste (und bis heute gültige) Erzberger-Biographie aus der Feder des jungen deutsch-amerikanischen Historikers Klaus Epstein stützen. 1986, zum 65. Todestag Erzbergers, wurde in einem Festakt des Landkreises in Biberach eine Schule nach Erzberger benannt. Dabei anwesend war auch dessen jüngste Tochter.

Inzwischen ist in Münsingen-Buttenhausen Erzbergers Geburtshaus als Erinnerungsstätte eingerichtet worden. Der heutige 80. Gedenktag bietet eine Gelegenheit, den Lebensweg und das Werk eines ebenso fähigen wie umstrittenen Politikers zu würdigen. Wer war dieser Mann, worin bestand seine Leistung, und was ist davon geblieben?

»Kein Deutscher war in den letzten hundert Jahren so gehasst worden wie Erzberger.« Diese lapidare Feststellung seines späteren Biographen Klaus Epstein umschreibt einen Sachverhalt, der für das politische Wirken Erzbergers charakteristisch ist. An seiner Persönlichkeit und Politik schieden sich seit dem Beginn seiner parlamentarischen Tätigkeit die Geister, auch innerhalb seiner eigenen Fraktion. Von einfacher Herkunft und ohne Universitätsausbildung gelang dem ehrgeizigen württembergischen Zentrumsabgeordneten ein steiler politischer Aufstieg.

Sein Name ist verbunden mit der Reichstagsauflösung von 1906 und der Friedensresolution des Reichstags von 1917, mit der Unterzeichnung des Waffenstillstands in Compiègne im November 1918, mit der Annahme des Versailler Vertrags und der Reichsfinanzreform von 1919/20.

II

Matthias Erzberger war der Typus des politischen Selfmademan, durch Tradition und Herkommen in das Zentrum hineingeboren. Er stammte aus kleinbürgerlichem Milieu. Geboren wurde er am 20. September 1875 in Buttenhausen (heute Ortsteil von Münsingen), einem Dorf von 700 Einwohnern auf der schwäbischen Alb. Er war das älteste von sieben Kindern eines tüchtigen Schneidermeisters, Joseph Erzberger, der sich gleichzeitig als Briefträger und Gemeindepfleger betätigte. Seine Mutter, Katharina geb. Flad, aus einer protestantischen Familie des Dorfes, war nach ihrer Heirat zum Katholizismus übergetreten.

Etwa die Hälfte der Bevölkerung von Buttenhausen war damals protestantisch, die andere Hälfte jüdischer Herkunft. Die katholischen Familien bildeten nur eine kleine Gruppe. Diese Konstellation erklärt zu einem Teil die spätere bisweilen betont hervorgekehrte kirchliche Bekenntnistreue Erzbergers. Er wurde in der nächstgelegenen katholischen Pfarrkirche zu Bichishausen getauft und besuchte dort auch die Volksschule.

Von Lehrer und Pfarrer gefördert, erhielt der intelligente Bub von seinen Eltern die Möglichkeit, den Lehrerberuf zu erlernen. Das bedeutete einen enormen sozialen Aufstieg. Erzberger brauchte keine Militärpflicht zu absolvieren, weil in Württemberg ein Überschuss an

Wehrfähigen bestand. So konnte er seine berufliche Ausbildung ohne Unterbrechung beenden: 1889 bis 1891 an der sogenannten Präparandenanstalt in (Schwäbisch) Gmünd und die folgenden drei Jahre am Lehrerseminar in Saulgau. Der Lehrerpraktikant war ungewöhnlich begabt, fleißig und ehrgeizig. Er besaß ein phänomenales Gedächtnis und verließ das Seminar – das ihm eine vorzügliche Ausbildung vermittelte – als Primus seiner Klasse. Dann absolvierte er ein zweijähriges Lehrerpraktikum in Marbach, Göppingen und Feuerbach. Während dieser Tätigkeit entdeckte 1895 Josef Eckard Erzbergers Fähigkeiten als »politisches Genie«. Eckard war katholischer Geistlicher und Redakteur des »Deutschen Volksblatts« in Stuttgart, auch einer der Initiatoren der neu begründeten württembergischen Zentrumspartei sowie Gründer und Vorsitzender der dortigen Christlichen Gewerkschaften. Ein Jahr später trat Erzberger in die Redaktion des »Deutschen Volksblatts« in Stuttgart ein. Er hatte sich inzwischen in Schulungskursen und im Sommersemester 1896 an der Katholischen Universität in Freiburg (Schweiz) fortgebildet. Als Berichterstatter des Landtags in Stuttgart lernte Erzberger das parlamentarische Leben eines traditionell demokratischen Staates kennen.

Seitdem hat er seine Tätigkeit als Publizist nicht wieder aufgegeben. Sie bildete die materielle Basis seiner politischen Arbeit. Gleichzeitig leitete er in Stuttgart ein katholisches Arbeitersekretariat, gründete einen schwäbischen Handwerkerbund (1899) und einen Bauernverein. Damit legte er erste Proben politischen Instinkts, organisatorischer Begabung und nie versiegender Hilfsbereitschaft ab. Er wurde zu einem gesuchten »Volksanwalt« und gehörte zu den publizistischen Verfechtern der interkonfessionellen Christlichen Gewerkschaften. Auf deren Gründungskongress in Mainz (1899) hielt er das Hauptreferat. Drei Jahre später veröffentlichte er eine historische Darstellung über die Säkularisation in Württemberg 1802 bis 1810.

Bei diesem vielseitigen und rastlos tätigen Redakteur traten aber auch früh andere Eigenschaften zutage: robuste Hemdsärmeligkeit und starkes Selbstbewusstsein. Eine schlechte Menschenkenntnis führte zeitlebens zu manchem unangebrachten Einsatz für zweifelhafte Bittsteller. Seit 1900 war Erzberger mit Paula geb. Eberhart verheiratet, der Tochter eines wohlhabenden Kaufmanns aus Rottenburg am Neckar. Sie brachte eine bedeutende finanzielle Mitgift in die Ehe, der ein Sohn und zwei Töchter entstammten.

III

Inzwischen war der Vorsitzende der württembergischen Zentrumspartei, Adolf Gröber, längst auf Erzbergers publizistische und rhetorische Begabung aufmerksam geworden. Er sorgte dafür, dass Erzberger im schwäbischen Wahlkreis Biberach–Waldsee–Leutkirch–Wangen 1903 in den Reichstag gewählt wurde (»Riviera-Wahlkreis«). Dort war der 28jährige Zentrumsabgeordnete der Benjamin des Parlaments. Er nahm die parlamentarische Arbeit in Berlin so ernst, dass er bereits 1904 nach Berlin übersiedelte. Dort machte er mit seiner Aktivität und seinen Kenntnissen rasch von sich reden, nicht immer zur Freude der Honoratioren seiner Fraktion. Die alten Zentrumsführer wie Peter Spahn und Georg v. Hertling vermissten bei diesem ungemein selbstbewussten Kollegen, einem der wenigen Berufsparlamentarier, jeglichen Respekt vor Autoritäten oder den »Heroen der Kulturkampfzeit«.

Als Herausgeber einer Pressekorrespondenz, die besonders von katholischen Provinzzeitungen in Süd- und Südwestdeutschland viel zitiert wurde, baute sich der schwäbische Abgeordnete eine politische Basis im Lande auf. Er veröffentlichte alljährliche Berichte über die Politik der Zentrumsfraktion im Reichstag – insgesamt erschienen elf Bände für die Jahre 1903 bis 1914. Damit trug er dazu bei, die Parteiarbeit zu propagieren, aber auch seine eigene Tätigkeit. Erzberger gehörte zu dem noch schwach vertretenen Flügel der Arbeiter- und Gewerkschaftsvertreter in seiner Fraktion, die die stärkste des Reichstags bildete.

Er zählte zu jener Generation katholischer Politiker, die aus dem konfessionellen Ghetto der Kulturkampfzeit herausgetreten und in das preußisch geprägte Wilhelminische Deutschland hineingewachsen waren. Dazu gehörte die parlamentarische Unterstützung der Heeres- und Flottenpolitik des Reiches und seiner Kolonialverwaltung. Aus der antipreußischen und propolnischen Grundhaltung Erzbergers erwuchs Antipathie gegen das zaristische Russland, aber auch eine aus Vorurteilen herrührende Abneigung gegen England. Er neigte zu einer außenpolitischen Zusammenarbeit mit Österreich und Frankreich.

1905/06 erregte Erzberger Aufsehen mit seinen kolonialpolitischen Attacken. Er prangerte Übergriffe und Korruptionserscheinungen der deutschen Verwaltung in den afrikanischen Kolonien an. Damit erreichte er die Abstellung mancher Missstände, bot aber auch Reichskanzler v. Bülow Ende 1906 einen willkommenen Vorwand, den Reichstag aufzulösen. Damals legte der Zentrumsabgeordnete den Grund zu jener historischen Gegnerschaft, die ihm 1921 das Leben kosten sollte; denn Karl Helfferich, sein späterer Todfeind, war 1906 in dem von Erzberger erfolgreich attackierten Reichskolonialamt tätig.

Nach den Neuwahlen von 1907, die im Zeichen »nationaler« Kolonialforderungen (»Hottentottenwahlen«) standen, verlor die Zentrumsfraktion ihre langjährige parlamentarische Schlüsselstellung. Wenngleich sich diese Situation bereits zwei Jahre später wieder änderte, musste sich Erzberger, als Prügelknabe, vorübergehend nach außen hin zurückhalten.

Um so mehr wuchs sein interner Einfluss durch seine Position als Etatreferent für den Militär- und Kolonialetat im Haushaltsausschuss des Reichstags, dem er seit 1904 angehörte. Erzberger entwickelte sich zum bestinformiertesten und von Generalen gefürchteten Zivilisten in Militärfragen. Auf der anderen Seite erwies er sich allerdings – seit 1912 gehörte er auch dem Fraktionsvorstand an – als durchaus anfällig für obrigkeitliche Respektsbezeugungen.

Auf Grund seiner politischen und organisatorischen Kenntnisse und Fähigkeiten erhielt er 1914, unmittelbar nach Kriegsausbruch, eine amtliche Aufgabe. Reichskanzler v. Bethmann Hollweg betraute ihn mit der Organisation eines »Nachrichtenbüros des Reichsmarineamts« und einer »Zentralstelle für Auslandsdienst«. Beide Apparate dien-

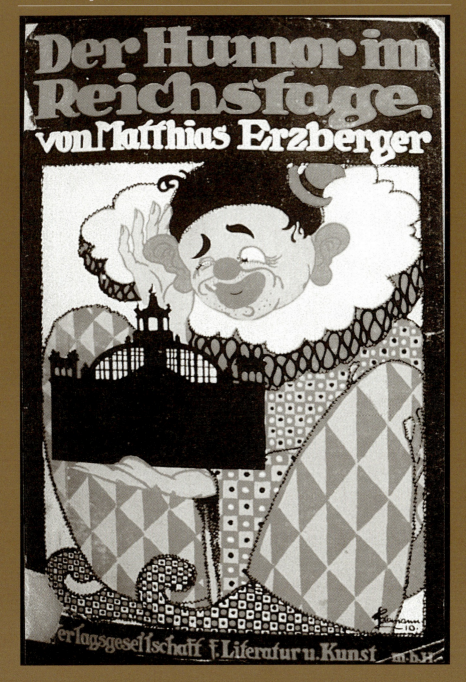

ten der politischen Aufklärung vor allem des neutralen Auslands.

IV

In dieser Tätigkeit entfaltete der Zentrumsabgeordnete seine bekannte Betriebsamkeit durch Reden, Reisen und Korrespondenzen, durch diplomatische Aktionen und propagandistische Aktivitäten. Erzberger suchte die internationalen katholischen Beziehungen für die Mittelmächte – Deutschland und Österreich-Ungarn – einzusetzen. Er führte einen staunenswert regen Schriftwechsel »mit Gott und aller Welt«.

Er korrespondierte – von Papst Benedikt XV. angefangen – mit allen prominenten Persönlichkeiten und Politikern der Verbündeten, aber auch neutraler Länder und den Regierungen der deutschen Bundesstaaten. Zur Unterstützung des Botschafters Fürst Bülow 1915 nach Rom gerufen, vermochte er den Kriegseintritt Italiens gegen die Mittelmächte allerdings nicht zu verhindern. Erzberger sprudelte nur so von Ideen und Plänen. Er rechnete weiterhin mit einem deutschen Sieg und plante entsprechende Annexionen für das Reich zur Sicherung seiner kontinentalen Hegemonie.

Dabei entwickelte er phantastisch anmutende Projekte zur Neuordnung der politischen Verhältnisse im Baltikum, auf dem Balkan und im Vorderen Orient. Er bemühte sich um die Wiederherstellung des seit 1870 verschwundenen vatikanischen Kirchenstaats, den er nach Liechtenstein verlegen wollte. Erzbergers ungebremster Aktivismus schuf ihm zahlreiche Gegner, zumal er angesichts der deutschen Kräftesituation und Kriegslage zu einer Serie von Misserfolgen führte. Im Thyssen-Konzern erhielt er ein hoch dotiertes Aufsichtsratsmandat.

Im Frühsommer 1917 begann Erzbergers Erwachen. Es führte zu einer abrupten politischen Kehrtwendung. Der Zentrumspolitiker war sich – nach längerem Schwanken – über die schwierige militärische Lage des Reiches und die noch bedrohlichere des österreichischen Bundesgenossen klargeworden. Er hatte erkannt, dass der von illusionären Hoffnungen begleitete uneingeschränkte U-Boot-Krieg, vor dessen Beginn er eindringlich gewarnt hatte, wirkungslos bleiben würde. Ein vierter Kriegswinter stand drohend bevor. Die Stimmung vor allem der Arbeiterschaft war, auch unter dem Eindruck der russischen März-Revolution, auf einem Tiefpunkt angelangt, der innenpolitische »Burgfrieden« von 1914 nur noch eine Fiktion.

In dieser Situation wurde Erzberger zum Realpolitiker. Er machte sich, resolut wie eh und je, zum Vorkämpfer eines Verständigungsfriedens – also ohne Gebietserwerbungen –, und des vom amerikanischen Präsidenten Wilson vertretenen Völkerbundgedankens. Sein Ziel war die Parlamentarisierung des Reiches durch Stärkung des Reichstags, ohne die monarchische Grundlage in Frage zu stellen. Erzberger wurde zum Motor einer neuen politischen Mehrheit, und zwar durch eine Koalition des Zentrums mit der Sozialdemokratie und der Fortschrittlichen Volkspartei. Sie gelang im Juli 1917 und führte zur Bildung eines Interfraktionellen Ausschusses. Er wurde zum Vorläufer der »Weimarer Koalition« von 1919.

Im selben Monat, Juli 1917, setzte Erzberger im Reichstag die Annahme der später berühmt gewor-

Ein guter Kerl.

Gut, ich lasse mich köpfen — aber das laßt Euch gesagt sein: Nur ausnahmeweise!

denen »Friedensresolution« durch. Mit diesem Zeitpunkt begann eine gesteuerte Hetze alldeutscher Kreise gegen Erzberger, der er vier Jahre später zum Opfer fallen sollte. Auch viele Zentrumsanhänger vermochten der abrupten Kehrtwendung des Abgeordneten - der zudem am Sturz Bethmann Hollwegs beteiligt war – nicht zu folgen. Der ungezügelte Hass Kaiser Wilhelms II. gegen Erzberger entlud sich noch im April 1918 in Form der berüchtigten Randbemerkungen: »schurkenhaf-

Deutsche,
denkt daran!

ter Verräter«, »Halunke«, »Persönlicher Feind meines Hauses«.

Erzbergers Haltung blieb, auch im eigenen Lager, weiterhin umstritten. Im Frühjahr 1918 kam es zu öffentlichen Auseinandersetzungen mit Reichskanzler Graf v. Hertling, dcm früheren Fraktionskollegen und Parteifreund Erzbergers, mit dem er noch bis 1917 rege korrespondiert hatte. Im September 1918 veröffentlichte er ein rasch geschriebenes Buch über den Völkerbund. Mit dessen Gründung verband Erzberger die optimistische Hoffnung auf einen für Deutschland günstigen Frieden. Seine Verantwortungsbereitschaft bewies er Anfang Oktober mit seinem Eintritt in die Regierung des Reichskanzlers Prinz Max von Baden. Sie musste die von der Obersten Heeresleitung geforderten Waffenstillstandsverhandlungen beginnen.

Erzberger übernahm kein eigenes Ressort in dieser nur fünf Wochen amtierenden letzten kaiserlichen Regierung. (In dieser Zeit starb sein Sohn Oskar während eines Offiziersausbildungslehrgangs an der damals grassierenden Grippe.)

Anfang November stand der schwere Gang zur Besiegelung der Niederlage durch Unterzeichnung des Waffenstillstands bevor. Auf Drängen des Reichskanzlers und des Kabinetts erklärte sich Erzberger bereit, an die Spitze der deutschen Delegation zu treten. Das war ein schwerer Fehler, weil dadurch die eigentlichen Kriegsverlierer, die Militärs, von dieser undankbaren Aufgabe verschont blieben. Nach der Unterzeichnung des Waffenstillstands in Compiègne am 11. November leitete Erzberger als Staatssekretär in den folgenden Monaten ein Reichsamt, das die Demobilisierung überwachte.

V

Während seiner Abwesenheit von Berlin war dort der revolutionäre

Umsturz vom 9. November 1918 erfolgt. Erzberger fand sich als einer der ersten Zentrumspolitiker mit der neuen Situation ab und kümmerte sich sofort um eine Neuformierung seiner Partei. Als deren Abgeordneter wurde er im Januar 1919 für den Wahlkreis Württemberg in die Deutsche Nationalversammlung gewählt, die in Weimar eine neue Reichsverfassung ausarbeitete. Dem ersten Kabinett der »Weimarer Koalition« (SPD, Zentrum, DDP) unter Philipp Scheidemann gehörte Erzberger als Minister ohne Ressort an.

In der im Juni 1919 nur aus Sozialdemokraten und Zentrum neugebildeten Regierung unter dem SPD-Kanzler Gustav Bauer war Erzberger als Vizekanzler und Finanzminister die entscheidende Figur. Hier wie in seiner Fraktion trat er dafür ein, den harten Versailler Friedensvertrag anzunehmen; denn er befürchtete, dass bei einer Ablehnung alliierte Truppen nach Deutschland einmarschieren und dadurch dessen Einheit gefährden würden. Dafür erntete er die erneute Gegnerschaft der politischen Rechten.

Als Reichsfinanzminister war Erzberger nur eine Amtszeit von neun Monaten, bis zum März 1920, vergönnt. In dieser kurzen Zeitspanne setzte er durch ein Bündel von Gesetzen eine grundlegende dreifache Reform durch. Das war einmal eine Reform der Finanzverwaltung, die zentralisiert wurde – durch Ablösung der bisherigen Landesverwaltungen –, sodann eine Reform des zersplitterten Steuerrechts durch Vereinheitlichung und soziale »Durchblutung« – heute: Sozialverträglichkeit – und schließlich eine Reform des Finanzausgleichs zwischen Reich, Ländern und Gemeinden.

Diese Maßnahmen erwiesen sich schon deswegen als notwendig, weil riesige Kriegsfolgelasten auf das Reich zukamen. Sie stärkten gleichzeitig aber auch dessen Einheit. Erzbergers Reformen waren ein politischer Kraftakt sondergleichen. Hinzu kam eine gleichzeitige Übernahme der einzelstaatlichen Eisenbahnen durch das Reich. Die Finanzreform von 1920 – ein Jahrhundertwerk – führte allerdings zu einer erheblich stärkeren Besteuerung der vermögenden Bevölkerungsschichten, auch durch eine Zuwachsgewinnsteuer für »Kriegsgewinnler«.

Damit aber zog sich der Finanzminister, der sich als Anwalt der kleinen Leute verstand, die Gegnerschaft der besitzenden Kreise zu, stieß aber auch im süddeutschföderalistischen Lager auf massive Ablehnung. Aus Aversion gegen seine Person und seine »zentralistische« Politik trennte sich Anfang 1920 der bayerische Flügel des Zentrums von der Gesamtpartei und bildete die Bayerische Volkspartei.

VI

Während dieser Herkulesarbeiten an der Finanz- und Steuerreform wurde Erzberger in einen Prozess verwickelt. Der Reichsschatzsekretär während des Krieges, Karl Helfferich, ein nunmehr in der rechtsstehenden Deutschnationalen Volkspartei aktiver Politiker, suchte den Reichsfinanzminister zu stürzen. Er warf ihm vor, im Krieg den Militärs in den Rücken gefallen zu sein, durch Förderung des »Versailler Schand- und Knechtschaftsfriedens« die finanzielle Knebelung Deutschlands verursacht und in persönlicher Hinsicht gegen Wohlanständigkeit, gegen Wahrheitsliebe und gegen das Gebot der Trennung von politischen und Geldinteressen verstoßen zu haben. Damit gab Helfferich das Signal zu einer öffentlichen Treibjagd. Der Zentrumsminister – der Beleidigungsklage eingereicht hatte – wurde ein Opfer hemmungsloser nationalistischer Verleumdung. Sie galt dem sogenannten »Novemberverbrecher« und »Erfüllungspolitiker«, und zielte auf das republikanisch-demokratische »System« von Weimar. Erzberger wurde in diesem Prozess vom Januar bis zum März 1920 vor der 6. Strafkammer des Landgerichts I in Berlin-Moabit einem Kreuzverhör ausgesetzt, das zu einem Durchstöbern seiner gesamten Vergangenheit führte und von der gegnerischen Presse in infamer Weise ausgeschlachtet wurde. Richter und Staatsanwälte, die der Republik feindlich gesinnt waren, machten keinen Hehl aus ihrer Verachtung für einen Parteipolitiker. Das Verfahren nahm mehr und mehr den Charakter eines politischen Prozesses an.

Als dessen moralischer Sieger galt Helfferich, wenngleich ihn das Gericht wegen »fortgesetzter übler Nachrede und Beleidigung« zu einer lächerlichen Geldstrafe verurteilte. Nach der Verkündigung des Urteils, im März 1920, trat Erzberger als Minister zurück, um seine Rehabilitierung vorzubereiten und dann wieder in die Regierung zurückzukehren.

Der meistgehasste Mann seiner Zeit hatte das Ausmaß der Hetze und die Voreingenommenheit des Gerichts für die Republikgegner nicht klar genug erkannt und in Rechnung gestellt. Durch ein Pistolenattentat im Januar geringfügig verletzt, übte er sein Mandat in der Nationalversammlung nicht mehr aus. Bei der ersten Reichstagswahl,

im Juni 1920, bezeugten ihm jedoch seine heimischen Wähler mit überwältigender Mehrheit ihr altes Vertrauen. Seine Fraktion allerdings ging auf eine für ihn demütigende Distanz.

Während eines Aufenthalts in Jordanbad schrieb Erzberger das Manuskript seines Buches »Erlebnisse im Weltkrieg«, das noch im gleichen Jahr erschien. Es kam als Teil seiner politischen Rehabilitierung jedoch nicht mehr zur Auswirkung. Hingegen griff er 1921 mit einer neuen Schrift »Christliche Solidarität als Weltprinzip« in die sozialpolitische Diskussion ein. Er plädierte, wie andere vor ihm, für »Werksgenossenschaften« und Betriebsräte als neue Form einer Mitbestimmung und Mitbeteiligung von Arbeitern. Diese Vorschläge gewannen nach 1945 überraschende Aktualität.

Ende Juni 1921 wurden zwei noch laufende Gerichtsverfahren gegen Erzberger eingestellt. Daraufhin gab er seine Rückkehr in die Politik bekannt und fuhr am 19. August zu einem Kurzurlaub nach Griesbach, zusammen mit seiner Frau und seiner jüngsten, siebenjährigen Tochter Gabriele – die älteste, Maria, war einige Monate zuvor mit seinem Einverständnis in ein holländisches Karmeliterinnenkloster eingetreten. Von Griesbach aus wollte er am Katholikentag in Frankfurt teilnehmen und damit sein politisches Comeback einleiten. Als ihn zwei Tage darauf ein alter Freund aus dem schwäbischen Zentrum, Rechtsanwalt Hugo Baur aus Konstanz, bei einem Besuch in Griesbach vor einem möglichen Attentat warnte, erwiderte Erzberger: »Ich bin bereit. Wir sind alle in Gottes Hand.«

Vier Tage später, am 26. August, am Vorabend seiner geplanten Rei-

Reichskanzler Joseph Wirth spricht bei der Beisetzung Erzbergers in Biberach am 31. August 1921

se nach Frankfurt, machte der 45jährige Politiker seinen täglichen Vormittagsspaziergang, zusammen mit seinem Fraktionskollegen Carl Diez aus Radolfzell. Dabei wurde er auf der Straße nach Kniebis das Opfer eines politischen Attentats, getroffen von acht Revolverkugeln. Die Mörder waren zwei Mitglieder der rechtsextremistischen Geheimorganisation »Consul«, die früheren Marineoffiziere Heinrich Schulz und Heinrich Tillessen. Sie konnten ohne Schwierigkeiten ins Ausland entkommen und 1933 nach Deutschland zurückkehren, wo sie von einer Amnestie der neuen Machthaber profitierten. 1947 bzw. 1950 wurden beide Mörder verurteilt, aber bereits 1952 entlassen.

Der Mord von 1921 war weder der erste noch der letzte in der Zeit der strukturell instabilen Weimarer Republik. Er war das »entsetzliche Ende eines seit Jahr und Tag in steigender Verwilderung« von den Rechtsparteien geführten Kampfes gegen Erzberger (J. Joos).

Seine Beerdigung am 31. August wurde zu einem Treuebekenntnis seiner württembergischen Wähler und des demokratischen Deutsch-

lands. An der Spitze des Trauerzugs zum Friedhof gingen Reichskanzler Joseph Wirth, der langjährige Fraktionskollege, Weihbischof Sproll von Rottenburg und Reichstagspräsident Paul Löbe, ein Sozialdemokrat. Den Trauerzug in Biberach begleiteten 30 000 Menschen. Papst Benedikt XV. ließ der Witwe Erzbergers seine Anteilnahme aussprechen.

Dieser Zentrumsparlamentarier hat sich aus einfachen dörflichen Verhältnissen zu einem der einflussreichsten Politiker in der Zeit zwischen 1914 und 1920 hochgekämpft. Er war ein Mann der Tat und des Wortes, nicht der Programme, ein Mann für Krisenzeiten, ein mit unverwüstlichem Optimismus ausgestattetes Energiebündel. Als glänzender Volksredner, mit einem Gespür für kommende politische Entwicklungen, hat er im Zentrum eine Führerrolle gespielt, ohne je Partei- oder Fraktionsvorsitzender zu sein. Mit unbegrenzter Verantwortungsfreudigkeit und Zivilcourage übernahm Erzberger die 1918/19 schwierigsten und undankbarsten politischen Aufgaben, die Leitung der Waffenstillstandskommission und eine Vorreiterrolle bei der Annahme des Versailler Vertrags. Dabei unterschätzte er den Hass seiner innenpolitischen Gegner und deren reichsweite Gefolgschaft.

Die eingangs gestellte Frage: Was ist von Erzberger geblieben? ist klar zu beantworten: Es ist der Mut auch zu höchst unpopulären Entscheidungen in Krisenzeiten und es sind die fortwirkenden politischen Reformwerke von 1920: die Reichsfinanzreform und die Überführung der Eisenbahnen in Reichsbesitz, beides Zeugnisse staatsmännischer Leistung. Ihrem Schöpfer, einem Märtyrer für die Sache der Republik und Demokratie, gebührt ein Ehrenplatz in der Geschichte der christlichen Demokratie in Deutschland.

Diese Geschichte ist jedoch – im Vergleich etwa mit derjenigen der Sozialdemokratie – weitgehend unbekannt. Um diese Wissenslücke zu schließen, wird in wenigen Monaten, herausgegeben von der Konrad Adenauer-Stiftung, ein »Lexikon der christlichen Demokratie« erscheinen. Es kann (und sollte) dazu beitragen, auch das Andenken an den Volksmann und Patrioten Matthias Erzberger wachzuhalten.

Ansprache im Rahmen einer Gedenkstunde zum 80. Todestag von Matthias Erzberger am 26. August 2001 in Bad Peterstal-Griesbach.

Rudolf Morsey, Dr. phil., Historiker, em. Professor an der Deutschen Hochschule für Verwaltungswissenschaften Speyer.

Manfred Koch

Matthias Erzberger und die Parlamentarisierung des Kaiserreichs

Will man bei einem so wenig dogmatisch fixierten, weitgehend pragmatisch handelnden Politiker wie Matthias Erzberger ein Kontinuum seines politischen Wirkens, eine Antriebskraft für sein Handeln ausmachen, so wird man dies zweifellos in seinem fortwährenden Einsatz für das parlamentarische Regierungssystem finden. Erzberger gehörte zu den wenigen Abgeordneten des Reichstages, die sich seit Beginn ihrer Abgeordnetentätigkeit für die parlamentarische Kontrolle der Administration eingesetzt haben. Er war sicher der einzige Zentrumsabgeordnete, der auch offen die Einführung des parlamentarischen Systems forderte.

> »Es ist ganz klar, dass ein Volk, das die allgemeine Schulpflicht, die allgemeine Wehrpflicht, die allgemeine Steuerpflicht hat, nicht nur regiert werden will von der Bürokratie, sondern dass kein Volk um den Zeitpunkt herumkommt, wo eine solche Erweiterung der Rechte des Parlaments notwendig ist.«

So kommentierte Matthias Erzberger Ende 1913 die vom Reichstag mit großer Mehrheit beschlossene Missbilligung der rechtswidrigen Verhaftung ziviler Demonstranten durch Soldaten in der elsässischen Gemeinde Zabern. Das Parlament wies damit in der wohl schwersten Krise der deutschen Monarchie vor 1918 den unkontrollierten Machtanspruch des Militärs zurück. In seiner wenig später herausgegebenen Schrift »Völkerleben und Politik« bekräftigte Erzberger seine Überzeugung, dass dem parlamentarischen Regierungssystem auch in Deutschland die Zukunft gehöre.

Das parlamentarische System, legte Erzberger dar, führe zur alleinigen Abhängigkeit des Kanzlers und seiner Regierung von einer Parlamentsmehrheit. Dies werde zu einem erhöhten Verantwortungsgefühl der Oppositionsparteien führen, die sich als Alternative zur Regierung bereitzuhalten hätten. Durch die Beseitigung des feudalen preußischen Militär- und Beamtenstaates würde sich die Kluft zwischen Volk und Staatsgewalt verringern, würde die Regierung vom Herrscher zum Diener des Volkes werden. Die Herausnahme des Monarchen aus dem politischen Alltag würde zugleich einen Prestigezuwachs der Monarchie bringen. Und schließlich würde das parlamentarische System befähigten Parlamentariern den Weg zur Übernahme ministerieller Verantwortung ebnen. Diese Ausführun-

Das politische
Forum von
Erzberger:
der Reichstag

gen beinhalten sicher kein Verfassungsmodell, sie entwickeln aber eine klare Zielvorstellung.

Zwischen dieser verfassungspolitischen Perspektive und den in der Schrift erläuterten Vorstellungen zur Koalitionspolitik klaffte allerdings ein eklatanter Widerspruch. Erzberger sah eine politische Polarisierung voraus, die zwei Parteiblöcke herausbilden würde: Einen »Rechtsblock« aus Konservativen und dem Zentrum und einen »Linksblock« aus Liberalen und Sozialdemokraten. Der Rechtsblock, die Partei der Autorität und des Glaubens, hielte sich an göttliches Gesetz und das Naturrecht. Für den Linksblock, die Partei des Liberalismus und des Unglaubens, sei der Staat die Quelle allen Rechts. Offensichtlich erwartete er auch, dass der Rechtsblock dauerhaft eine Mehrheit erhalten würde, denn die SPD stellte für ihn das größte Problem der inneren Politik des Reiches dar. Ihre »gewaltige Macht« wollte er in der demokratischen Auseinandersetzung zer-

trümmern, wie er 1914 in einem Zeitungsartikel schrieb. Unklar bleibt dabei, wie er die Parlamentarisierung mit den Konservativen, den erklärten Gegnern der Parlamentarisierung, hätte durchsetzen können. Es ist das Dilemma Erzbergers, dass er sich mindestens bis 1917 als gläubiger Katholik und Zentrumsmann keine dauerhafte Koalition mit den Liberalen und der Sozialdemokratie vorstellen konnte bzw. um seines politischen Überlebens in der Partei willen durfte.

Am Vorabend des Ersten Weltkrieges dürfte sich jedoch auch Erzberger keine Hoffnung auf eine rasche Realisierung seiner Vorstellungen zur Parlamentarisierung des Reiches gemacht haben. Noch hatte die Verfassungskonstruktion Bestand, die dem Kaiser die alleinige Herrschaft über das Militär und die Bestellung des allein ihm verantwortlichen Reichskanzlers übertrug. Die Vertretung der Bundesländer im Bundesrat und der von den männlichen Wahlberechtigten gewählte

Reichstag beschlossen die Gesetze. In diesem Dualismus von monarchischer Regierung und Parlament hatte sich allerdings gegenüber den autoritären Anfängen der Bismarck-Ära in der Verfassungswirklichkeit bis 1914 ein bemerkenswerter Wandel vollzogen. Der hatte einerseits eine Stärkung der Reichsbehörden zu Lasten des von Preußen dominierten Bundesrates und andererseits einen Bedeutungszuwachs des Reichstages bewirkt. Deutlich wurde dies etwa in der Demonstration der Parlamentsrechte während der Zabern-Affäre, als der Reichstag mit seiner Kritik an der Kommandogewalt des Kaisers an die Grundfesten der konstitutionellen Monarchie rührte.

Ein zielbewusstes und kontinuierliches Vorantreiben der Parlamentarisierung verhinderten jedoch bis 1914 auch die Parteien selbst. Zum einen entwickelte keine der Reichstagsparteien ein präzises Verfassungsmodell und daraus resultierend eine konsistente Politik der Demokratisierung und Parlamentarisierung des Reiches. Zum anderen bildeten die tiefen ideologisch-prinzipiellen Spaltungen entlang sozialer und konfessioneller Grenzen zwischen den Parteien ein Haupthindernis für die Bildung stabiler Mehrheiten an der Stelle kurzfristiger Zweckbündnisse wechselnder Mehrheiten. Vor allem Erzbergers Zentrumspartei gehörte dank ihrer Stellung als starke Mittelpartei bei den Mehrheitsbildungen nach rechts wie nach links zu den Profiteuren dieser Politik. So hatte denn die Partei zwar ein Interesse an der Ausweitung der Rechte des Parlaments, aber nicht an einer Parlamentarisierung, die sie womöglich ihre ausschlaggebende politische Rolle gekostet hätte.

Die Politik der wechselnden Mehrheiten führte im Reichstag vor 1914 zu einem durch gegenseitige Blockierung der Parteien verursachten Immobilismus. Dieser zeitigte ein vielfach beschriebenes Spannungsverhältnis zwischen ökonomischer und industrieller Modernisierung und ausbleibender Demokratisierung des überkommenen Obrigkeitsstaates. Vor allem den Arbeitern und der Arbeiterbewegung blieb die gleichberechtigte Partizipation in Staat und Gesellschaft verwehrt. Der liberale Politiker und Publizist Friedrich Naumann hat dafür das plastische Bild gefunden, dass die Deutschen ein »Industrievolk im politischen Kleid des Agrarstaates« seien. »Unser politischer Zustand ist etwa so, wie wenn in alte Landwirtschaftsgebäude eine täglich sich ausdehnende Fabrik hineingebaut wird. Da steht die modernste Maschine unter einem alten Dachbalken und eiserne Träger werden durch Lehmwände hindurchgezogen.«

Nicht ein längerer Entwicklungsprozess, sondern die katalytische Wirkung des Ersten Weltkrieges führte zu Wandlungen im Verhalten der Parteien im Reichstag, woran Erzberger einen wichtigen Anteil hatte. Im Zeichen des Burgfriedens nach dem Kriegsausbruch blieb er seinen vor Kriegsausbruch formulierten widerstreitenden innenpolitischen Positionen zunächst treu. Er förderte tatkräftig die Ausweitung der Rechte des Parlaments z. B. durch die Erweiterung der parlamentarischen Kontrollrechte des als Ersatzparlament tagenden Hauptausschusses des Reichstages, die Einrichtung eines parlamentarischen Ernährungsbeirats, die Einschränkung der Befugnisse der Militärbefehlshaber bei der Ausübung der Zensur und des Vollzugs der Schutzhaft und setzte sich mit Teilerfolgen für weitreichende sozialpolitische Reformen im Rahmen des Hilfsdienstgesetzes ein. Erzberger erzeugte mit seiner Partei so einen beträchtlichen Parlamentarisierungsdruck. Gleichwohl hielt er sich mit konkreten Forderungen zur Einführung des parlamentarischen Regierungssystems auffallend zurück. Auch eine grundlegende Reform des preußischen Dreiklassenwahlrechts stand nicht auf seiner Prioritätenliste. Im Verfassungsausschuss, der ab Mai 1917 über konkrete Schritte zur Reform der Verfassung beraten sollte, war er nicht vertreten. An seiner ablehnenden Haltung gegenüber der Sozialdemokratie änderte Erzberger vorerst ebenfalls nichts. Noch 1915 bekräftigte er seine Ansicht, dass nach dem Krieg ohne die SPD regiert werden müsse. Schon Mitte 1916 allerdings war ihm klar geworden, dass man den aus den Schützengräben zurückkehrenden Soldaten und den in der Heimat durchhaltenden Arbeitern einen größeren Einfluss auf Gesetzgebung und Verwaltung nicht würde verwehren können. Ende 1916 erklärte er erstmals, der Reichskanzler dürfe die Sozialdemokratie nicht zurückstoßen, um die Aufrechterhaltung und Stärkung der Einigkeit des Volkes nicht zu gefährden. Der Zentrumsführer hatte sich aus sehr pragmatischen Gründen zur Notwendigkeit einer Integration der Arbeiterbewegung in den Staat bekannt. Er wollte deren Radikalisierung und damit das Zerbrechen des Burgfriedens verhindern und die innere Front retten.

Im Frühsommer 1917 hatte sich die Lage Deutschlands dramatisch zugespitzt: Aufgrund der miserablen Ernährungslage im »Kohlrübenwinter« 1916/17 und der russischen Februarrevolution hatte sich eine übermächtige Friedenssehnsucht ausgebreitet. Eine Radikalisierung der Arbeiterschaft, auch der katholischen, zeichnete sich ab. Die Fortführung des Krieges um Annexionen und Kontributionen lehnte die SPD nun ab. Im Verfassungsausschuss drohte ausserdem an der unentschiedenen Haltung des Zentrums eine Blockierung des von SPD und Linksliberalen geforderten parlamentarischen Systems. Der Kriegseintritt der USA und die Erfolglosigkeit des unbeschränkten U-Boot-krieges liessen eine Realisierung des Siegfriedens und der auch von Erzberger und seiner Partei weitgesteckten annexionistischen Kriegsziele unerreichbar werden. In dieser Situation entschloss sich Erzberger zu einem spektakulären Schritt, der zugleich einen Brückenschlag zur Arbeiterbewegung bedeutete sowie einen Meilenstein auf dem Weg zum parlamentarischen Regierungssystem setzte.

In einer als sensationell empfundenen Rede stellte er im Hauptausschuss des Reichstages am 6. Juli 1917 seine Analyse der außen- und innenpolitischen Lage in düsteren Farben dar und forderte, »unerbittlich und kalt müssen aus den gegebenen Verhältnissen mit dem Verstande die politischen Konsequenzen gezogen werden, auch für die ganze innere Politik, sowohl in der Wahlrechtsfrage wie in der Frage der engeren Fühlungnahme zwischen Regierung und Parlament.« Obgleich Erzberger seine Fraktion von wenigen Ausnahmen abgesehen nicht über seinen Vorstoß informiert hatte und damit ein hohes Risiko einging, gelang es ihm, die Zustimmung für eine Friedensresolution zu erhalten. Am 19. Juli

beschloss der Reichstag mit einer Mehrheit aus Zentrum, linksliberaler Fortschrittlicher Volkspartei (FVP) und SPD einen »Frieden der Verständigung« und ohne »erzwungene Gebietserwerbungen« anzustreben. Zu ihrer Vorbereitung wurde der Interfraktionelle Ausschuss (IFA) geschaffen, dem diese drei Parteien unter gelegentlicher Beteiligung der rechtsliberalen Nationalliberalen Partei (NL) angehörten. Der IFA bildete den unverzichtbaren Kern für die Formierung einer dauerhaften Mehrheit als Voraussetzung für die Parlamentarisierung. Dabei hatte sich Erzberger von dem von ihm 1914 favorisierten Rechtsblock als parlamentarischem Mehrheitsmodell verabschiedet. In der neuen »Links-Mehrheit« bildete das Zentrum den rechten Flügel und büßte so die nach seinem Selbstverständnis »historische Mission« ein, das politische Gleichgewicht zwischen der Rechten und der Linken zu gewährleisten. Erzberger hatte einer der Voraussetzungen des Parlamentarismus, der grundsätzlichen Kooperationsbereitschaft aller demokratisch gewählten Parteien, den Weg bereitet, auch wenn seine Partei ihm darin nur widerwillig folgte.

Die Verabschiedung der Friedensresolution und die Schaffung einer neuen Parteienkoalition war sicher nicht Erzbergers alleiniges Verdienst. Der SPD-Führer Scheidemann verweist in seinen Erinnerungen auf »Erzbergers Beweglichkeit und seine gute Nase für reife Situationen« als Erklärung für dessen Aktion. Erzberger hat diese aber nicht nur initiiert, sondern die Aktionsgemeinschaft bis zum Ende des Kaiserreichs lenkend zusammengehalten. So hat er in der einmonatigen Krise im Herbst 1917 entschei-

dend dazu beigetragen, dass die Mehrheit trotz aller Probleme zusammenblieb und zumindest weitere Ansätze für die Parlamentarisierung geschaffen wurden. Die Parteien der Friedensresolution hatten damals die Ablösung von Reichskanzler Michaelis – er war im Juli auf Bethmann-Hollweg gefolgt – wegen seiner distanzierten Haltung zur Resolution gefordert. Der neue vom Kaiser ernannte Reichskanzler, der Zentrumspolitiker und Parlamentarisierungsgegner Graf Hertling, musste im Reich als Vizekanzler und in Preußen als Stellvertreter jeweils einen Abgeordneten als Vertrauensmann des Parlaments akzeptieren und sich mit den Parteien auf die Schaffung eines Friedens gemäß der Friedensresolution und auf die Reform des preußischen Wahlrechts einigen. Im Februar 1918 betonte Erzberger dann in einer großen Re-

de im Reichstag das Interesse des Landes an der Friedensresolutionsmehrheit und die »dringende Notwendigkeit der positiven Mitarbeit der SPD am Staate«. Das parlamentarische System sei die Konsequenz der von der Mehrheit getragenen Politik.

Seit Juli 1918 forderte Erzberger zunächst intern, dann im IFA energisch eine Ablösung Hertlings und die Bildung einer Reichsregierung unter Einbeziehung der SPD. Inzwischen war die Lage an den Fronten wieder deutlich schlechter geworden. Im Inneren kam es zu Massenstreiks. Die Unzufriedenheit der SPD mit der auch vom Zentrum verschleppten Wahlrechtsreform in Preußen und mit der Vereitelung eines Verständigungsfriedens im Osten hatte sich in der Verweigerung der Kriegskredite durch die SPD niedergeschlagen. Als der IFA

Was nun?

Ein einziger Augenblick durchhallt die deutschen Lande über die Unerträglichkeit der seelischen Friedensbedingungen! Arbeiter und Bürger reichen sich die Hand in der Stunde der höchsten Not des Volkes. Aber mit dem Protest allein ist es nicht getan. Jeder erhebt die bange Frage:

Was soll nun geschehen?
Unterzeichnen oder ablehnen?

Tausend Erwägungen drängen sich auf. Wird die einmütige Geschlossenheit des zu Tode verurteilten 70-Millionen-Volkes nicht doch noch in letzter Stunde die Entente die Augen darüber öffnen, daß auf der Grundlage ihrer Bedingungen kein Dauerfriede möglich ist? Haben wir Hoffnungen, daß Verhandlungen die Unerträglichkeit der Friedensbedingungen auf ein Maß herabmindern werden, das uns wenigstens die Luft zum Atmen läßt? Und wenn diese Hoffnungen fehlschlagen, was dann?

Ablehnen oder unterzeichnen?

Wird, falls wir ablehnen, unser vielleicht möglicher Widerstand im Osten nicht mit der Sklaverei und dem Hungertode noch größerer Volksteile im Westen und in Mitteldeutschland bezahlt werden müssen? Wird dann nicht das völlige Chaos über uns hereinbrechen? Wird wohl unsere Regierung, hinter der heute der größte Teil aller Deutschen steht, einem anderen Platz machen müssen, die dann doch unterschreibt, so daß alle Opfer nur nutzlos sind? Oder, gelegt den Zoll, wir unterschreiben, besteht Hoffnung, daß später noch die Stimmen der Einsicht bei der Entente sich Gehör verschaffen werden? Doch hier wenigstens einmal in der Geschichte der letzten Jahre die Zeit für uns laufen wird?

Das sind alles Schicksalsfragen, die zu beantworten sich nur der getrauen darf, der den genauesten Überblick über die weltklungensten Plätze der Gesamtlage hat.

Ein Urteil kann sich nur der bilden, der die genaueste Kenntnis aller Einzelheiten besitzt, bei dem alle Nachrichten, alle Berichte, alle Erwägungen zusammenlaufen. Vertrauen wir der Regierung, die aus den freien Wahlen des ganzen Volkes hervorgegangen ist. Wenn jemals, so bedürfen wir in der heutigen Verworrenheit einheitlicher Führung.

Männer u. Frauen Deutschlands, aus Ost u. West, stellt Euch geschlossen hinter Eure selbsterwählte Regierung!

Besonnenheit und Vertrauen!

Verlieren wir die Einmütigkeit des Handelns, so verlieren wir auch die letzte Möglichkeit, uns aus der über uns hereingebrochenen Katastrophe in bessere Zeiten hinüberzuretten!

Druck von Hempel & Co., G.m.b.H., Berlin SW. 68, Zimmerstr. 7/8. — 363.

Ende September ein Regierungsprogramm beschlossen hatte und die Kanzlerfrage erörterte, kreuzte sich seine Initiative mit der kaiserlichen Anordnung zur Neu- bzw. Umbildung des Kabinetts. Diese sollte auf »breiter nationaler Basis« erfolgen und das Zustandekommen eines Waffenstillstandes erleichtern sowie eine »Revolution von unten« verhindern. Die nun mit der Ernennung des Prinzen Max von Baden zum Reichskanzler einsetzende »Oktoberparlamentarisierung« stand ganz im Zeichen der Forderungen der Mehrheitsparteien zur Verfassungsreform und ihrer Umsetzung. Das wäre ohne die mehr als einjährige Praxis der von Erzberger immer wieder forcierten Zusammenarbeit im IFA nicht möglich gewesen. Dass Erzberger in der neuen Regierung Ministerrang erhielt, war unumstritten.

Erzberger hatte im Juli 1917 entscheidenden Anteil an der Bildung einer parlamentarischen Mehrheit als Voraussetzung für die Parlamentarisierung des Reiches. Er konnte auch in kritischen Situationen den Zusammenhalt der Mehrheitsparteien und insbesondere das Bündnis mit der SPD sichern. Unter dem Eindruck der Kriegsereignisse hatte er die in seinen Vorstellungen der zwischenparteilichen Kooperation von 1914 noch erkennbaren Hemmnisse für die Parlamentarisierung abgestreift. Die Widerstände im Zentrum gegen das parlamentarische System konnte er allerdings nur partiell überwinden. Noch im September äußerte ein führender Vertreter des Zentrums im IFA: »Wir können einfach nicht vor aller Welt erklären, dass wir uns zum parlamentarischen System bekennen. ... Das geht gegen alle Traditionen der Partei.«

Erzberger war zweifellos ein Wegbereiter des parlamentarischen Systems in Deutschland. Große Teile der Partei und der Fraktion nahmen ihm aber seine ideologische Unvoreingenommenheit und Kompromissbereitschaft übel. Seine Wendigkeit und auch sprunghafte Betriebsamkeit beim Einbringen neuer Ideen prangerten seine Gegner als generelle Mängel der Berufspolitiker im parlamentarischen System an. Nicht zuletzt deswegen sah er sich einer Rufmordkampgane ausgesetzt. Die bis in seine Partei reichende politische Rechte bildete dafür den Nährboden. Auch darin wird die fehlende Zustimmung zur parlamentarischen Demokratie deutlich, die der Weimarer Republik zum Verhängnis wurde.

Manfred Koch, Dr. phil., Historiker im Stadtarchiv Karlsruhe; u.a. Mitwirkung bei der Herausgabe der Aktenedition über den Hauptausschuß des Deutschen Reichstags 1915 bis 1918

Peter Grupp / Pierre Jardin

Matthias Erzberger und die Außenpolitik: Vom Annexionisten zum Realpolitiker

In unseren Tagen gehört in der Bundesrepublik Deutschland die Außenpolitik zu den am wenigsten kontroversen Politikbereichen. Von der CSU bis zu den Grünen ist unter Hintanstellung ideologischer Glaubensüberzeugungen ein breiter Konsens erreicht, an dem nur die PDS, die aber auch in anderen Bereichen noch eine Außenseiterposition einnimmt, nicht teilhat. Dies ist keineswegs immer so gewesen. Die Geschichte der Bundesrepublik ist durch heftige außenpolitische Kontroversen, die sich häufig aus ideologischen Überzeugungen gespeist haben, geprägt gewesen — man denke an die Politik der Westbindung, an Wiederbewaffnung, Natobeitritt und an die Ostpolitik — und das gleiche gilt für die Weimarer Republik mit den heftigen Auseinandersetzungen um die Unterzeichnung des Versailler Friedensvertrags, um die Locarnoverträge oder den Young—Plan.

Die heutige konsensuelle Außenpolitik konnte nur zustandekommen durch die Erkenntnis, daß auf dem Gebiete der internationalen Beziehungen noch viel weniger als in der Innenpolitik, wo durchaus absolute Mehrheiten erreicht werden können, nie bedingungslos Ziele verfolgt und Wünsche zur Gänze durchgesetzt werden können. Realistischerweise müssen die Interessen aller außenpolitischen Partner berücksichtigt und Kompromisse akzeptiert werden. Zur Realpolitik gehört auch die Erkenntnis, daß nie endgültige Lösungen erreicht werden können, daß die Arbeit stets von neuem beginnt. Diese Erkenntnisse, die unter Bismarck bereits grundlegend gewesen waren, haben sich im Zeitalter des Wilhelminismus verflüchtigt und sich in Deutschland später nur zögerlich erneut durchsetzen können.

Inmitten der ideologisch aufgeheizten Zeit in und nach dem Ersten Weltkrieg hat Matthias Erzberger als einer der ersten eine solche realpolitische Haltung vertreten und kann damit auch auf diesem Gebiet zu den Ahnherren des heutigen Deutschland gezählt werden.

In einer erbitterten Auseinandersetzung mit dem deutschnationalen Abgeordneten Albrecht von Graefe in der Nationalversammlung am 25. Juli 1919, bei der nach dem Zeugnis Harry Graf Kesslers »Blut in der Luft lag«, hat Erzberger seine außenpolitische Haltung in Compiègne und Versailles verteidigt und seinen Meinungswechsel gegenüber früheren Positionen verteidigt: »Ich leugne es nicht und scheue es nicht, zu bekennen, wenn ich einen Irrtum begangen habe, nach dem alten Satze: ›Das sind die wahren Weisen, die vom Irrtum zur Wahrheit reisen, und das sind die Narren, die im Irrtum verharren.‹«

Zu Beginn des Krieges war Erzbergers Haltung von nüchtern abwägender Realpolitik in der Tat noch weit entfernt gewesen. Auch er teilte damals die annexionistische Haltung der Mehrheit, die glaubte, die Welt nach eigenem Gusto ohne Berücksichtigung der Interessen der Umwelt einrichten zu können, und entwarf Anfang September ein Kriegszielprogramm, das den Phantasien der rabiatesten Alldeutschen in nichts nachstand. Darin forderte er die Annexion ganz Belgiens, eines Stücks der französischen Kanalküste, der Stadt Belfort und des Erzgebiets von Briey und Longwy; Polen und die baltischen Länder sollten deutsche Satellitenstaaten werden, ein zentralafrikanisches Reich den französischen und belgischen Kongo umfassen; zudem wurden riesige Reparationsforderungen angemeldet. Konsequent stellte er seine ganze Kraft in den Dienst der deutschen Kriegsanstrengungen, hatte maßgeblichen Anteil an der Organisation der deutschen Kriegspropaganda u.a. im Rahmen des »Nachrichtenbüros des Reichsmarineamts« und der »Zentralstelle für Auslandsdienst«. Er versuchte seine internationalen katholischen Verbindungen für die Interessen der Mittelmächte einzusetzen und bemühte sich gemeinsam mit dem ehemaligen Reichskanzler von Bülow in letztlich aussichtsloser Mission, den Kriegseintritt Italiens auf der Seite der Gegner zu verhindern. Später sondierte er in Wien, Budapest, Bukarest, Sofia und in der Türkei. Er überbordete an Aktivität, und die unterschiedlichsten Pläne jagten einander. Manches war durchdacht,

vieles aber auch illusionär und reichlich bizarr. Berühmt-berüchtigt ist sein Liechtensteinplan, der vorsah, die Herrscherfamilie zum Verzicht auf die Souveränität zu bewegen, um in deren Fürstentum die Neubegründung eines souveränen Kirchenstaats zu ermöglichen. Es sollte allerdings nicht übersehen werden, daß er bei all diesen Aktivitäten, über die man sich später etwas mokiert hat, keineswegs nur auf eigene Faust agierte, sondern lange Zeit und bei vielen Aktionen durchaus das Vertrauen des Reichskanzlers Bethmann Hollweg genossen hat.

Das Jahr 1917 wird dann zum Wendepunkt seines Lebens und bringt auch einen Wandel in seinem außenpolitischen Denken. Doch gibt es kein Damaskus-Erlebnis, keine Erleuchtung, keine plötzliche Umkehr, wie es in diesen Jahren bei anderen zu beobachten ist. Vielmehr handelt es sich um einen langsamen Wandel, ein Herantasten an neue Überzeugungen, deren feine Wurzeln allerdings meist in die Vorkriegszeit zurückreichen. Erzberger erkennt im Lichte seiner Erfahrungen sukzessive die Lage der Dinge, sieht, wie es wirklich um Deutschland steht – und er zieht die Konsequenzen. Gerade dies aber ist für ihn so charakteristisch. Er ist nicht Dogmatiker, der nach sorgfältigem Nachdenken aus theoretisch vorformulierten Prinzipien handelt, sondern Pragmatiker, der auf einigen elementaren Grundüberzeugungen aufbauend sich den jeweiligen Realitäten anpaßt, dabei aber auch den Mut hat, sein Handeln den aus der Beobachtung der Wirklichkeit gewonnenen Erkenntnissen konsequent anzupassen, auch wenn dies unpopulär ist und damit zu Ansehensverlusten und Anfeindungen führt. Erzberger hat kein »Programm«, kennt nicht das unbedingte Festhalten an einer einmal getroffenen Entscheidung, ist immer flexibel. Er erscheint weniger als Treibender denn als Getriebener, der nur den forces profondes folgt. Aber dies täuscht; denn da er die wahren Verhältnisse erkennt, sich ihnen anpaßt und dann seine Energie und Arbeitskraft in ihren Dienst stellt, treibt er die Entwicklung auch voran. Es besteht ein dialektischer Prozeß zwischen den Umständen und Erzbergers Handeln. Dies erscheint insgesamt unspektakulär und unpathetisch; der prinzipientreue Dogmatiker ist oft die eindrucksvollere Gestalt. Jemand wie Erzberger wird leicht als Opportunist denunziert, zumal ihm später immer wieder mit großer Leichtigkeit Äußerungen vorgehalten werden konnten, die bisweilen leichtfertig und übereilt gefallen waren, ehe der Lernprozeß eingesetzt hatte. Er erleidet damit das Schicksal des demokratischen Politikers, der Ausgleich und Kompromisse sucht und sich, da diese niemanden je ganz zufrieden stellen können, dann der Kritik von allen Seiten ausgesetzt sieht.

Der wesentliche Ausgangspunkt der Wende liegt in der Debatte um den uneingeschränkten U-Boot-Krieg. Zu Kriegsbeginn hatte sich Erzberger durchaus für dessen Einführung ausgesprochen. Statistische Berechnungen auf Grundlage der von den Militärs gelieferten Daten brach-

Der Völkerbund

Der Weg zum Weltfrieden

Rühmlicher ist es, den Krieg durch Worte zu töten als Menschen durch das Schwert. Augustinus im Briefe an Darius.

Von
M. Erzberger
Staatssekretär u. M. d. R.

Verlag von Reimar Hobbing in Berlin
1918

ten ihn später aber zu der Erkenntnis, daß allein vom Tauchboot-Einsatz ein militärischer Sieg nicht zu erwarten wäre. Deshalb sprach er sich ab 1916, völlig unabhängig von humanitären Erwägungen, angesichts der negativen Nebenwirkungen besonders im Hinblick auf die Haltung der USA gegen die Wiederaufnahme des U-Boot-Kriegs aus. Von da an entwickelt sich eins aus dem anderen. Da die Militärs diese Maßnahme als alleinige Möglichkeit dargestellt hatten, den Krieg zu gewinnen, eine rationale Analyse aber die Aussichtslosigkeit ergab, auf diesem Wege zum Erfolg zu kommen, zieht Erzberger unerschrocken und ganz nüchtern als einzig logischen Schluß die Folgerung, daß angesichts der offensichtlichen Unmöglichkeit eines Siegfriedens ein Verständigungsfrieden angestrebt werden müsse. Dementsprechend gehört er zu den treibenden Kräften der Friedensresolution des Reichstags vom 19. Juli 1917, mit der eine Mehrheit der deutschen Volksvertreter sich für einen durch Verhandlungen mit der Entente zu erreichenden Frieden ausspricht. Auch in anderen außenpolitischen Bereichen setzt er sich für ein Umdenken ein. Anknüpfend an seine frühere Kritik an der Behandlung der katholischen Polen durch Preußen wendet er sich gegen die Polenpolitik der Reichsregierung, spricht sich für eine wirkliche Selbstbestimmung der von Rußland gelösten Völker vom Baltikum bis

Im Eisenbahn-
waggon von
Compiègne

zur Ukraine aus und bekennt sich als erster deutscher Politiker zum Völkerbund. All diese Aktivitäten schaffen ihm zahlreiche Gegner in den herrschenden Kreisen, und er ist ständig zunehmenden Anfeindungen ausgesetzt.

Dennoch scheute er nicht davor zurück, die Verantwortung für die Verhandlungen mit Marschall Foch zu übernehmen und am 11. November 1918 den Waffenstillstand von Compiègne zu unterzeichnen, was die verantwortlichen Militärs der Obersten Heeresleitung ihm gern überließen. Der Lohn für die Übernahme dieser Aufgabe, zu der ihn wie so oft sein Pflichtgefühl aber – selbst wenn er sich angesichts der leicht vorhersehbaren Schwierigkeiten keineswegs aufgedrängt hat – doch auch Ehrgeiz und die Überzeugung von der eigenen Unentbehrlichkeit getrieben haben, war eine nicht mehr abreißende Hetze von Seiten derer, die anderes als er nicht in der Lage gewesen waren, sich den Realitäten zu stellen, und die ihn fortan als Vaterlandsverräter und Novemberverbrecher denunzieren sollten.

Das halbe Jahre nach dem Abschluß des Waffenstillstands war vom Konflikt mit dem Minister des Auswärtigen Graf Brockdorff-Rantzau um die Politik in der Friedensfrage bestimmt. Die persönlichen Gegensätze konnten kaum größer sein. Hier der katholische Süddeutsche, in glücklicher Familie lebend, mit der – häufig allerdings sehr täuschenden – Bonhomie des Schwaben, einer seiner Wahlsprüche lautete »Erst mach' dein Sach', dann trink' und lach'«; dort der norddeutsch-preußische, protestantische, extrem steife Junggeselle. Ebenso unterschiedlich war die politische Taktik. Rantzau lehnte mit programmatischer Strenge die Unterzeichnung eines Friedens, der nicht den Wilsonschen Prinzipien in der deutschen Auslegung entspräche, strikt ab, spielte va banque und suchte, als diese Taktik kläglich scheiterte, den Ausweg im persönlichen Rücktritt; Erzberger gab sich kompromißbereit, versuchte möglichst günstige Bedingungen auszuhandeln, war aber grundsätzlich bereit zu unterschreiben, einerseits weil er keine Alternative sah, andererseits weil er mit dem ihm eigenen Optimismus meinte, daß hinterher alles doch nicht so schlimm kommen werde. Letztlich hat Brockdorff-Rantzaus so stringent wirkende Politik, die in seinem schroffen Auftreten in Versailles ihren viel bemerkten symbolischen Ausdruck gefunden hat, die Existenz des deutschen Staates aufs Spiel gesetzt, während Erzbergers bisweilen leichtsinnig erscheinende Taktik dessen Zusammenhalt gerettet hat. Das zu lange Festhalten an der extremen Rantzauschen Position hat aber auch die Zukunft der Weimarer Republik kompromittiert, indem sie in der Bevölkerung Illusionen genährt hat, statt sie auf die bitteren Realitäten einzustimmen. Hätte sich

Die Unterschriften auf dem Waffenstillstandsvertrag vom 11. November 1918

Erzbergers Linie früher durchgesetzt, wäre die öffentliche Meinung besser auf die Zukunft vorbereitet gewesen, hätte den Versailler Frieden nicht als extremen Choc empfunden und den Vertrag nicht einseitig mit der Republik assoziiert. Die Startbedingungen Weimars wären besser gewesen. Seine Gegner indes hoben stets hervor, daß er die Annahme des Vertrags empfohlen habe und damit persönlich für das Elend verantwortlich sei.

Durch Erzbergers Ermordung am 26. August 1921 verlor Deutschland einen Politiker, der wie nur wenige den Übergang vom Kaiserreich zur Weimarer Republik geprägt hat. So ungleich sie sein mögen, können vielleicht nur Friedrich Ebert und Walther Rathenau ihm zur Seite gestellt werden. Rathenaus Außenpolitik knüpft in manchem an Erzbergers Positionen an. Noch viel mehr gilt dies für Stresemann. Auch dieser war bereit zu Kompromissen und zu Ausgleich, aber auch zum Zurückstellen vorerst unlösbar erscheinender Probleme. Dessen Au-

ßenpolitik, die für viele Historiker eine Brücke zur sozialliberalen Koalition und zur Außenpolitik der erwachsenen Bundesrepublik darstellt, wäre leichter durchzusetzen gewesen und hätte sich vielleicht auch nach Stresemanns Tod fortsetzen lassen, wenn Erzberger noch gelebt und es ihm vergönnt gewesen wäre, mit der ihm eigenen Dynamik, Einsatzbereitschaft und Rednergabe seine außenpolitischen Grundvorstellungen innerhalb seiner Partei, im Reichstag und vor der Öffentlichkeit zu vertreten.

Peter Grupp, Dr. phil., Historiker, Referent im Politischen Archiv und Historischen Dienst des Auswärtigen Amts, langjähriger Mitherausgeber der »Akten zur deutschen Auswärtigen Politik 1918 bis 1945«

Pierre Jardin, Dr. phil., Professor, Historiker am Centre Marc Bloch, Berlin, Mitherausgeber der »Akten zur deutschen Auswärtigen Politik 1918 bis 1945«

Martin Vogt

Matthias Erzberger als Finanzminister
1919 bis 1920

Es gibt kaum eine Materie, mit der sich Matthias Erzberger als Parlamentarier nicht beschäftigt hätte, so daß er nahezu für jedes Ministeramt geeignet erscheinen mußte. In das zweite Kabinett der Weimarer Republik, das Kabinett Bauer – es amtierte vom 21. Juni 1919 an –, trat Erzberger als Reichsfinanzminister ein. Vielfach bestand die Meinung, der fleißige und ehrgeizige Politiker sei der »heimliche Kanzler«. Hatte Erzberger im vorhergehenden Kabinett Scheidemann nachdrücklich für die Unterzeichnung des Versailler Vertrags plädiert, so setzte er sich nun mit Entschiedenheit dafür ein, die deutschen Finanzverhältnisse zu sanieren. Es gab kaum ein politisches Feld, auf dem es nicht zu Konflikten zwischen Erzberger und seinen rechtskonservativen Gegnern kam, und so ließ Erzberger auch keinen Zweifel daran, daß insbesondere sein Intimfeind Karl Helfferich als Staatssekretär der Reichsfinanzen bis 1916, aber ebenso die Reichsbank wesentliche Schuld an der Aufblähung der Reichsschulden von 5 Milliarden auf 153 Milliarden Mark – davon 72 Milliarden Mark schwebende Schulden, die umgehend zu konsolidieren waren – nach Kriegsende getragen haben. Allerdings war auch im Kabinett Scheidemann noch im erheblichen Umfang mit Reichsschatzwechseln gearbeitet worden, so daß bereits die Grundlagen zu der Inflation gelegt waren, die 1923 ihren Höhepunkt haben sollte. Erzberger rügte aus seiner sozialen Sicht der Verhältnisse in Deutschland entschieden, daß die deutschen Steuern während des Krieges in einer Art erhoben worden seien, daß Kriegsgewinne weitgehend verschont und die Kriegführung im wesentlichen durch Anleihen bezahlt worden seien.

Die militärische Niederlage, die kriegsbedingten wirtschaftlichen Verhältnisse in Deutschland und die Lasten der materiellen Verluste durch den Friedensvertrag erschwerten die finanziellen Verhältnisse zusätzlich, da die Erträge des Reiches aus Steuern und Abgaben zurückgegangen waren. Hinzu kam, daß das Reich – auch wenn es seit 1871 vermehrt eigene Einnahmequellen erschlossen hatte – bisher formal aus den Steuern mitfinanziert wurde, die die deutschen Länder erhoben. Im Gegensatz zu vielen – vor allem süddeutschen – Politikern gerade auch der Zentrumspartei war Erzberger ein Zentralist, d.h. er sah die Notwendigkeit, daß das Deutsche Reich – insbesondere unter den Gegebenheiten der unmittelbaren Nachkriegszeit – eine

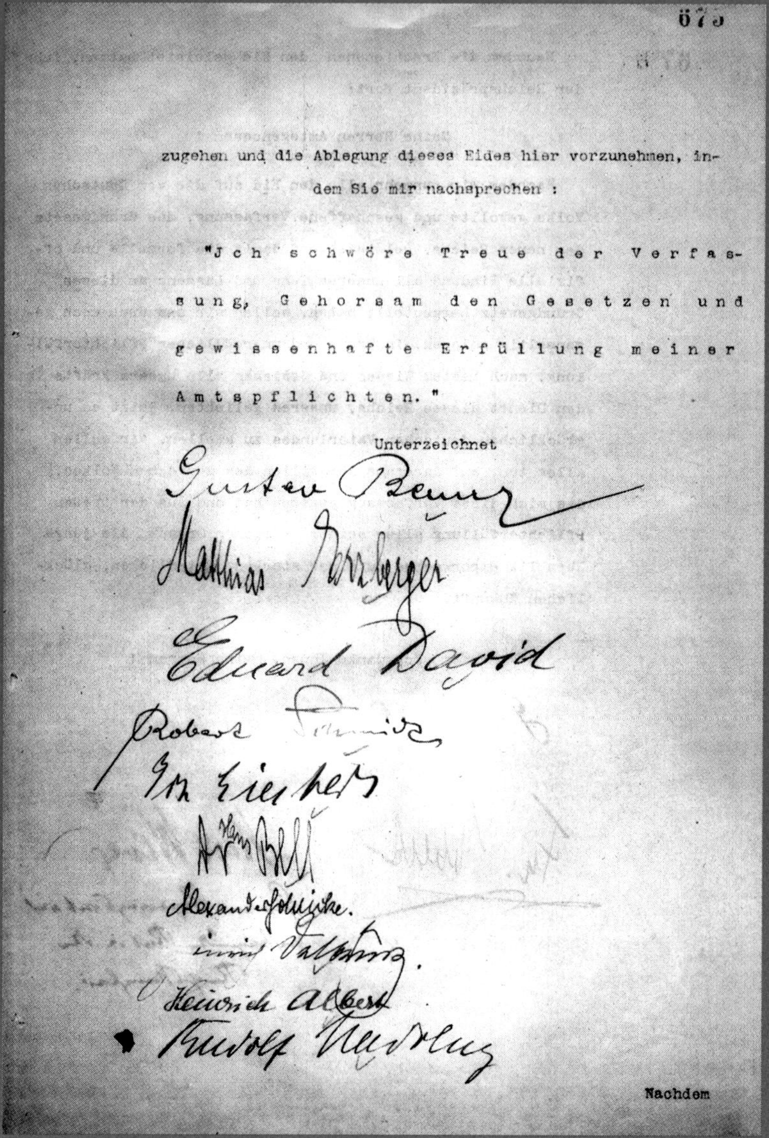

675

zugehen und die Ablegung dieses Eides hier vorzunehmen, indem Sie mir nachsprechen :

"Ich schwöre Treue der Verfassung, Gehorsam den Gesetzen und
gewissenhafte Erfüllung meiner
Amtspflichten."

Unterzeichnet

Gustav Bauer

Matthias Erzberger

Eduard David

Robert Schmidt

Eh Eichhorn

Otto Wels

Alexander Schlicke

Hermann Valfmingt

Heinrich Albert

Rudolf Wissell

Nachdem

Finanz- und Steuerpolitik betreiben müsse, nach der ihm Dreiviertel der Steueraufkommen zufallen würde, wodurch es von den Ländern unabhängig werde; vielmehr würden sie jetzt durch das Reich alimentiert. Mit anderen Worten: Erzbergers Vorstellung war, daß künftig die Länder finanzielle Zuwendungen durch das Reich erhalten sollten, wenn es den Verhältnissen gerecht werden wollte, die durch den Zusammenbruch des Kaiserreiches und den Friedensbedingungen entstanden waren. Das ging jedoch nicht ohne gelegentlich drastische Erhöhung der Einkommensteuer ab: Im Bereich Preußens stieg der Höchstsatz von 4 Prozent auf 60 Prozent, d.h. er wurde verfünfzehnfacht. Angesichts der schwierigen Finanzlage der öffentlichen Hand wurde Erzberger die Erklärung des Staatsbankrotts nahegelegt, doch wies er dies mit dem Hinweis zurück, daß dadurch vor allem die Gruppen in der Bevölkerung geschädigt würden, die bisher bereits die eigentlichen finanziellen Lasten getragen hätten.

Bereits wenige Wochen nach seiner Ernennung zum Reichsfinanzminister teilte Erzberger den Länderregierungen mit:

»Durch den Friedensvertrag sind die finanziellen Verpflichtungen des Reiches in einem Maße und in einer Weise gewachsen, daß ihre Erfüllung mit Aussicht auf Erfolg nur dann versucht und die schwere Verantwortung für die Leitung der Reichsfinanzen nur dann übernommen werden kann, wenn neben der Neuordnung der materiellen Finanzgesetzgebung auch die Verwaltung der Reichs-, der Landes und Gemeindeabgaben von Grund aus geändert und einheitlich zusammengefaßt wird.

[...] Nur die einheitliche Reichsverwaltung kann fernerhin der Regierung die Möglichkeit geben, vor der Öffentlichkeit und vor der Verwaltung die schwere Verantwortung für die steuerliche Belastung zu übernehmen. Unmittelbar und ohne Zwischenglied muß die Reichsregierung Rechenschaft geben können von der Art und Weise, wie die Steuergesetze ausgeführt werden. – Nur bei Übernahme der Verwaltung in die eigene Hand kann das Reich, und das ist vielleicht das Ausschlaggebendste, den Einfluß auf die Steuererhebung ausüben, die Klarheit in der Finanzverwaltung sich verschaffen, die für die loyale Erfüllung des Friedensvertrages erforderlich ist.«

Erzbergers Biograph Klaus Epstein hat bereits darauf aufmerksam gemacht, daß Erzberger auf Vorarbeiten und Gesetzentwürfe zurückgreifen konnte, die im Reichsfinanzministerium erarbeitet worden waren und die er nun vor dem Plenum des Reichstags und in dessen Finanzausschuß unter Einsatz seiner rhetorischen Fähigkeiten und persönlichem Auftreten in schwierigen Momenten der Diskussion durchzusetzen verstand. Mit der unter Erzbergers Ägide eingeführten allgemeinen Reichseinkommensteuer beseitigte das Reichsfinanzministerium die Unterschiede, die bisher durch ganz unterschiedliche Gemeindezuschläge entstanden waren. Zugleich ließ er Freibeträge für die einzelnen Familienangehörigen zu und Abschläge, die etwa bei schwerer Erkrankung des Steuerpflichtigen in Kraft traten. Allerdings ging es darum, mit der neuen Steuergesetzgebung jeden Haushalt auch bei geringster Steuerkraft zu erfas-

Das Reformpaket

1. Gesetz über die Reichsfinanzverwaltung (10. 9. 1919)
2. Gesetz über die außerordentliche Kriegsabgabe für das Jahr 1919 (10. 9. 1919)
3. Gesetz über die Kriegsabgabe vom Vermögenszuwachs (10. 9. 1919)
4. Erbschaftsteuergesetz (10. 9. 1919)
5. Zündwarensteuergesetz (10. 9. 1919)
6. Spielkartensteuergesetz (10. 9. 1919)
7. Tabakwarensteuergesetz (12. 9. 1919)
8. Grunderwerbsteuergesetz (12. 9. 1919)
9. Reichsabgabenordnung (13. 12. 1919)
10. Umsatzsteuergesetz (24. 12. 1919)
11. Gesetz über das Reichsnotopfer (31. 12. 1919)
12. Gesetz über Steuernachsicht (3. 1. 1920) mit einer Amnestie für zurückliegende Steuervergehen
13. Einkommensteuergesetz (29. 3. 1920)
14. Kapitalertragsteuergesetz (29. 3. 1920)
15. Körperschaftsteuergesetz (30. 3. 1920)
16. Landessteuergesetz (30. 3. 1920) über den Finanzausgleich zwischen Reich, Ländern und Gemeinden

Jahrhundertwerk

sen, indem die Umsatzsteuer und damit die indirekten Abgaben auf Lebensmittel und Verbrauchsgüter erhöht wurden. Jedoch fand als Ausgleich parallel eine Erhöhung der Steuer auf Luxusgüter statt, die vor allem die begüterte Bevölkerungsgruppe treffen sollte. Aus wirtschaftlichen und sozialen Gründen verzichtete Erzberger auf Steuern, die Wirtschaftsunternehmen in ihrer Arbeit und Zukunftsplanung behindern konnten. Trat hier bereits Erzbergers soziale Gesinnung zutage, so galt das noch mehr bei seinen Anstrengungen, eine Besteuerung durchzusetzen, die hohe Kapitalgewinne und große Vermögen betrafen. In diesem Sinn handelte Erzberger außerdem, wenn er eine Besteuerung des Kapitalertrags in der Form einbrachte, daß Dividenden der Kapitalgesellschaften vor der

Aufteilung an die Aktionäre mit 10 Prozent zu besteuern seien. Erzberger sah Dividenden als unverdiente Einkommen an, die ebenso wie der Gewinn aus Grund- und Haubesitz zu behandeln seien. Dazu erklärte der Finanzminister Ende des Jahres 1919:

»Wir müssen uns bei dieser Reform klar sein, daß wir in eine neue Zeit hineinwachsen. Ein überspannter Individualismus hat in der Vorkriegszeit den Eigentumsbegriff verzerrt, das Recht auf Eigentum maßlos betont, aber die Grenzen und Pflichten und die Grenzen des Eigentums vielfach nicht scharf genug hervorgehoben. [...] Soziale Zerklüftung, Klassenhaß, zerreibender Interessenkampf müssen dann die Folge einer solchen Entwicklung sein. [...] Die Grenzen des Eigentums sind ferner überschritten, wenn die herrschenden Klassen ihre Macht benutzen, die Hauptlasten auf die Schultern der weniger Leistungsfähigen zu laden. [...] Das Privateigentum findet seine Begründung, aber auch seine Begrenzung durch das Sozialinteresse. Das Interesse des gesamten Volkskörpers geht dem Interesse des einzelnen vor«

Den möglichen Versuchen der Kapitalflucht trat Erzberger mit scharfer Strafgesetzgebung entgegen. Die Überwachung der einheitlichen Steuerabgaben lag bei den eingerichteten Reichsfinanzämtern, die aus den bisherigen Steuerbehörden der Einzelländer hervorgingen.

Mit diesen Maßnahmen stellte Erzberger – durchaus der neuen Reichsverfassung entsprechend – die Verhältnisse, die im Bismarck-Reich geherrscht hatten, auf den

Kopf, was wiederum seine Gegner als Zeichen sahen, daß er völlig in das Fahrwasser einer traditionsfeindlichen, sozialistisch geprägten Politik geraten sei, zumal die aus Sozialdemokraten, Demokraten und Zentrumspolitikern gebildete Regierung Preußens, des weitaus größten Landes im Deutschen Reich, frühzeitig ihre Zustimmung zur Reform des Finanz- und Steuerwesens in Aussicht stellte. Mit Kompromissen in finanziellen Einzelfragen und der Garantierung der finanzieller Zuwendungen an die Länder hat der Reichsrat, die Vertretung der Länder, trotz vehementer süddeutscher Proteste, die vor allem von Bayern ausgingen, die Gesetzgebung zur Zentralisierung der Finanz- und Steuerverwaltung angenommen. Es lag ganz im Sinn einer Eindämmung der inflationären Währungsentwicklung, daß mit den Vermögensabgaben Neuinvestitionen beschränkt und der Geldumlauf – doch nur zeitweise – verlangsamt wurden. Nachdrücklich setzte sich Erzberger für ein Reichsnotopfer ein, das vor allem von den Beziehern mittlerer und dann von hohen Einkommen und entsprechender Vermögenswerte getragen und in steigenden Beträgen bis 1949 erhoben werden sollte (10 Prozent auf die ersten 50 000 Mark bis 50 Prozent bei Vermögen von 3 Millionen Mark an) – wieder ein Grund Erzberger sozialistischer Tendenzen zu beschuldigen. Tatsächlich hat das »Notopfer«, das im Inflationsstrudel unterging, auch nicht die erwarteten Mehreinnahmen eingebracht. Während zudem Kleinverdiener und die Besitzer mittlerer Einkommen frühzeitig ihren Zahlungsverpflichtungen nachkamen, gelang es den meisten Besitzern hoher Vermögen und großer Einnahmen sich einer ge-

Matthias der muntere Seiltänzer:

Mag die Valuta immerhin fallen – ich falle nicht

(Simplicissimus, 1919)

nauen Vermögenseinschätzung zu entziehen, so daß sie sich bei steigender Inflation durch die gesetzlich möglichen Stundungen der Zahlung der vorgesehenen Abgaben entziehen konnten und außerdem die möglichen Belastungen auf die Preise abwälzten.

Soziale Gerechtigkeit in den Belastungen der Bevölkerung nach dem Ersten Weltkrieg hatte Erzberger nicht zu erreichen vermocht. Auch wenn er bemüht gewesen war, die indirekten Steuern – Umsatz- und Luxus, Zölle, Beförderungssteuer, Kohlensteuer u.a. – auf 11 Milliarden Mark anzuheben und die direkten Steuern – Einkommensteuer, Kapitalertragssteuer, Grunderwerbssteuern, Erbschaftssteuer, Kapitalabgabe – auf 14 Milliarden Mark anzusetzen –, hat er den Reichshaushalt noch nicht zu sanieren und die Inflation nicht einzudämmen vermocht. Doch er hatte die ersten Schritte unternommen, die zeigten, in welcher Richtung künftig voranzugehen sei. Und sowohl die Vereinheitlichung des Finanzwesens wie der Steuerverwaltung sind dauerhafte Leistungen, die mit seinem Namen verbunden geblieben sind.

Erzberger war – auch in der eigenen Partei – wegen seines persönlichen Ehrgeizes und seiner gelegentlich hektischen Aktivitäten umstritten. Der linken Opposition im Reich erschien Erzberger nach der Satire Tucholskys als »der gute Mond von Buttenhausen«, der trotz aller Belastungen der Bevölkerungen noch lachen konnte, obwohl er sich um soziale Gerechtigkeit bemüht hatte und mit großem Engagement seine Anliegen vortrug und durchzusetzen bemüht blieb. Den Politikern der Rechtsparteien war Erzberger weiterhin ein Verräter an Volk und Reich, der als ehemaliger Volksschullehrer auch in seinem Ressort nicht den für nötig gehaltenen Sachverstand besitzen konnte und mit Schmähungen und Beleidigungen überzogen wurde, hinter denen meistens Karl Helfferich und die Deutschnationalen standen, denen es nicht möglich war, das eigene Versagen im Krieg und die Fehler der damaligen Steuerpolitik einzusehen. Mit den Schmähungen, die zu Prozessen führen sollten, war die Absicht verbunden, den Reichsfinanzminister als Repräsentanten des neuen Staatswesens zu demolieren und damit die Weimarer Republik nachhaltig zu schädigen. Als Erzberger sich zurückhielt, verfaßte Helfferich den Aufruf »Fort mit Erzberger«, der ausführlich und vorrangig Erzbergers Verhalten im Krieg und während der Waffenstillstandsverhandlungen in demagogischer Weise angriff und verzerrte und auf die unmittelbare Gegenwart und den Finanzminister bezogen erklärte:

»Das ist Herr Erzberger, der das deutsche Volk mit dem geringen moralischen, politischen und wirtschaftlichen Kapital, das es aus dem Zusammenbruch noch gerettet hat, zu gänzlichen Vernichtung führen wird, wenn ihm nicht endlich das Handwerk gelegt wird!«

Die vage Aussage dieses Angriffs gibt zu erkennen, daß Erzbergers Gegner seiner Finanzpolitik keinerlei sachlichen alternative Vorschläge entgegenzusetzen hatten. Sie fürchteten primär »Opfer« seiner Steuerpolitik zu werden, wollten das jedoch nicht in den Vordergrund rücken, wenn sie sich gegen ihn als »Vaterlandsverräter« wandten:

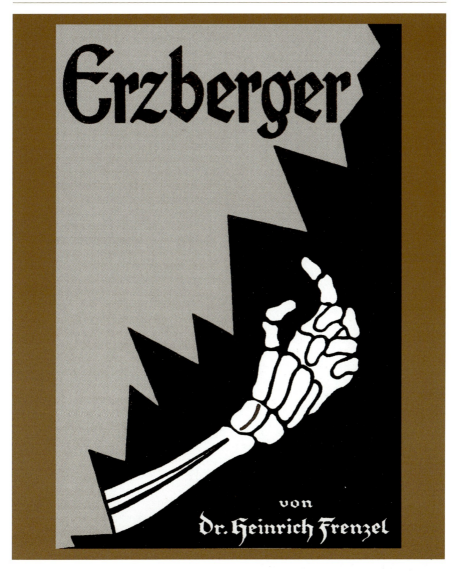

»Deshalb gibt es für das deutsche Volk nur eine Rettung. Überall im Lande muß mit unwiderstehlicher Gewalt der Ruf ertönen: Fort mit Erzberger!«

Jetzt klagte Erzberger und mußte alsbald erkennen, daß die Staatsanwälte, die wegen des öffentlich-staatlichen Interesses die Anklage vertraten und der Gerichtshof Helfferichs Vorwürfe für nicht unberechtigt hielten, Erzberger weiche wissentlich von der Wahrheit ab – sogar Meineid ist ihm unterstellt worden – und er habe in unlauterer Weise persönliche Geschäfte und Politik miteinander verbunden. Zwar hat das Gericht in sieben von 42 Fällen Helfferichs Vorwürfe gegen Erzberger als berechtigt angesehen, kam aber nicht daran vorbei einzuräumen, daß nicht persönliche Gewinnsucht, sondern erhebliche Sorglosigkeit des Parlamentariers im Umgang mit Dritten eine Rolle gespielt habe. Tatsächlich nahm der Prozeß einen Verlauf, daß Richter und Staatsanwälte den Eindruck weckten, eher Erzberger als Helfferich sitze auf der Anklagebank. Erschwerend kam hinzu, daß während des Prozesses persönliche Steuerunterlagen Erzbergers in der Presse veröffentlicht wurden, die auf den ersten Blick die Steuermoral, die er von anderen verlangte, bei ihm anzweifelbar erscheinen ließ. Es zeigte sich zwar bald, daß aus diesen Unterlagen keinerlei reale Vorwürfe abzuleiten waren, doch Erzberger ließ sich sofort – am 24. Februar 1920 – von seinem Posten als Reichsfinanzminister beurlauben. Er zeigte damit genau den politischen Anstand, den seine Feinde bei ihm bezweifelten. Ihre Hetze war soweit gegangen, daß gleich nach Prozeßbeginn ein junger Offiziersanwärter ein Attentat auf Erzberger ausgeführt hatte, bei dem der Minister nur leicht verletzt worden war. Der Täter wurde nicht wegen eines Mordversuchs, sondern wegen Körperverletzung verurteilt. Dies Urteil kennzeichnete bereits die politische Haltung weiter Kreise der deutschen Justiz. Da auch das Urteil im Beleidigungsprozeß gegen Helfferich für diesen nur eine Bagatellstrafe von 300 Mark und die Übernahme der Kosten vorsah, schien der Beklagte

in der Sache weitgehend Recht bekommen zu haben. Erneut zog Erzberger die Konsequenz, die unter solchen Umständen ein dem Parlamentarismus verpflichteter Politiker zu ziehen hat: Er trat von seinem Posten zurück. Die Gegner triumphierten. Die Schädigung des Ansehens der Republik schien gelungen, wie auch der Kapp-Lüttwitz-Putsch, der am folgenden Tag begann, aufzeigte. Ein politisches Amt hat Erzberger nicht mehr innegehabt.

Es hat Jahrzehnte gedauert, bis der Finanzminister Erzberger die Würdigung gefunden hat, die er verdiente, obwohl das Hauptwerk seiner Tätigkeit im Kabinett Bauer, die große Finanzreform, Bestand behalten hat und auch seine politischen Gegner später mit Selbstverständlichkeit auf ihrer Grundlage gearbeitet haben.

Es war Alex Möller, der als Bundesfinanzminister von 1969 bis 1971 Matthias Erzbergers »Reformwerk« eine Studie widmete und dessen Werk insgesamt würdigte:

> »Mit Erzberger sollte einer der tatkräftigsten und klügsten Weimarer Politiker getroffen werden, der zu den entschiedenen Vorkämpfern der Demokratie gehörte und als Reichsfinanzminister hervorragende Leistungen aufzuweisen hatte« (1971).

Martin Vogt, Dr. phil, Historiker, Professor an der Technischen Universität Darmstadt

Rainer Sammet

Matthias Erzberger im Visier der Rechten

Ende September 1918 verlangten Hindenburg und Ludendorff von der Reichsleitung die unverzügliche Herausgabe eines Friedensangebots. Das Deutsche Reich, soviel stand damit fest, hatte keinerlei Aussichten mehr, den Weltkrieg siegreich zu beenden. Obwohl die restlose Erschöpfung der eigenen Ressourcen sowie die materielle und personelle Überlegenheit der Entente kein Geheimnis waren, warf die deutsche Rechte ihren innenpolitischen Gegnern nunmehr vor, mit ihrer Friedens- und Verständigungspolitik einen verräterischen ›Dolchstoß‹ gegen das ›im Felde unbesiegte Heer‹ geführt zu haben und so für das Debakel verantwortlich zu sein. Als maßgeblicher Initiator der Friedensresolution des Reichstags vom Juli 1917 wie schließlich als Führer der deutschen Waffenstillstandskommission war Matthias Erzberger diejenige Persönlichkeit, die im Zusammenhang mit einer ›Schuld‹ an der Niederlage am häufigsten individuell genannt wurde.

Die ›Freiburger Zeitung‹ beispielsweise stellte zwei Tage nach dem Mord an Erzberger im August 1921 fest, seine Friedenspolitik hätte ihn »zu einem der umstrittensten Politiker Deutschlands« gemacht. Im Vordergrund standen dabei die Ereignisse im Sommer 1917. In einem Kommentar der ›Germania‹ war dazu, ebenfalls 1921, zu lesen, aus der »Gegnerschaft der Alldeutschen« sei »Haß« geworden, als Erzberger die Friedensresolution im Reichstag durchsetzte. Seitdem sei er »bekanntlich das Ziel ihrer Angriffe«. Als einem seiner verächtlichen ›Novemberköpfe‹ warf ihm der Nationalsozialist Alfred Rosenberg noch 1927 vor, »mit eine der Hauptursachen an der Hoffnungsfreudigkeit unserer Feinde gewesen« zu sein; im Juli 1917 sei er zum »ersten Befürworter des Dolchstoßes« geworden. Der Konservative Gottschalk von dem Knesebeck beschuldigte Erzberger, er hätte damals »jede Hoffnung« auf einen angeblich in London und Paris erwogenen Verständigungsfrieden »zerstört«. Die Bremer ›Weser-Zeitung‹ stellte 1921 einen Zusammenhang her zwischen seinen Kontakten zum »Wiener Hof« und der Friedensresolution: »Seit dem Anfang Juli herrschte in Berlin eine recht trübe politische Stimmung. Erzberger war aus Wien zurückgekehrt«. Auch hier wurde behauptet, Erzbergers Aktivitäten hätten sämtliche Friedensmöglichkeiten und insbesondere »eine Vermittlung des Papstes ausgeschlossen«.

Einen zweiten Ansatzpunkt für Angriffe gegen Erzberger bot seine Rolle im Zusammenhang mit der Unterzeichnung des Waffenstillstandsvertrags am 11. November 1918 – die ihm die Militärs offenbar keineswegs aufgedrängt hatten, wie gerne behauptet wird. Wie Erzberger selbst in seinen ›Erlebnissen‹ im Weltkrieg berichtet, hätten eigentlich »mehr als zwei Dutzend Offiziere« mitfahren sollen, doch habe er dieses Ansinnen abgelehnt. So konnten die ›Münchner Neuesten Nachrichten‹ in einem Bericht über seine Ermordung dann schreiben, in »jenen unheilvollen Tagen im Walde von Compiègne« sei »Deutschlands Schicksal« in seinen Händen gelegen. Der deutschnationale Graf Westarp stellte aus gleichem Anlaß in der ›Kreuz-Zeitung‹ fest, in Erzberger sei »der Unterzeichner des Waffenstillstands von Compiègne, ist der Mann ermordet« worden, »der für Kapitulation und Wehrlosmachung nicht mit Unrecht in besonderem Maße verantwortlich gemacht wird«.

Auch Erzbergers Verhandlungsführung bei der mehrfachen Erneuerung des Waffenstillstands wurde attackiert. Eine unter dem Pseudonym A. Friedrich veröffentlichte Broschüre bezog sich auf eine parlamentarische Interpellation des Reichstagsabgeordneten Vögler (DVP) vom 18. Februar 1919 und warf Erzberger vor, er unterschätze »die Schlauheit des Feindes«, er sei seiner »ungeheuren Aufgabe [...] absolut nicht gewachsen«, ja »so ungeeignet wie möglich«. Vor allem wurde hier die Preisgabe der deutschen Handelsflotte kritisiert.

Als drittes wurde der Zentrumspolitiker im Zusammenhang mit dem verlorenen Krieg schließlich beschuldigt, bessere Friedensbedingungen verhindert zu haben. Am zehnten Jahrestag der Unterzeichnung des Versailler Vertrags behauptete die ›Kreuz-Zeitung‹, die von der deutschen Delegation vorgebrachten Argumente hätten ihre Wirkung auf die Vertreter der Entente nicht völlig verfehlt gehabt, doch

»in dem Augenblicke, wo alles darauf ankam, den Vernichtungsforderungen der alliierten Mächte eine geschlossene innere Front entgegenzusetzen, versagte die Heimat, und schlimmer noch, ein Teil des Berliner Kabinetts fiel der Pariser Abordnung in den Rücken. [...] war es neben anderen vornehmlich Matthias Erzberger, der den deutschen Widerstandswillen gegen den ungeheuerlichen Friedensvertrag allmählich lähmte, den Dolchstoß in den Rücken der deutschen Friedensabordnung führte und das Signal zur schließlichen Unterwerfung gab.«

Wie im Zusammenhang mit dem Waffenstillstand behauptete die Rechte, bei innerer Geschlossenheit wären bessere Bedingungen in Versailles durchaus erreichbar gewesen, wenn die Bemühungen der deutschen Delegation nicht aus den eigenen Reihen – in erster Linie von Erzberger – hintertrieben worden wären. Die ›Weser-Zeitung‹ schrieb dazu im Juni 1919, der »Schandfriede« sei »sein Friede, darum soll er ihn auch unterzeichnen«.

Die Rolle Erzbergers bei der letzten Endes bedingungslosen Annahme der alliierten Bedingungen stieß jedoch nicht nur im rechten Lager auf Kritik. Das linksliberale ›Berliner Tageblatt‹ rückte den »pausbackigen« Erzberger im Frühsommer 1919 in die Nähe der linksradikalen USPD: Nicht die Unabhängigen Sozialisten allein, die von vornherein für die bedingungslose Unterzeichnung gewesen waren, hätten

Der Dolchstoß

in den Rücken des siegreichen Heeres

von

v. Zwehl

General b. J.

»gefrevelt, sondern Quertreiber, Stänker, Wichtigtuer und Wirrköpfe aus den verschiedensten Lagern haben den Frevel mitgemacht. Das anklagende Wort des Ministerpräsidenten Bauer verlor ein wenig von seiner Schlagfertigkeit, weil, während er es aussprach, neben ihm mit frommer Andachtsmine Erzberger saß.«

Der renommierte Historiker Gerhard Ritter schrieb zur gleichen Zeit an seine Eltern: »Erzberger triumphans! Pfui!«. Später kam Ludwig Herz, der sich von der Dolchstoßthese der Rechten ausdrücklich distanzierte, in seinem Gutachten für den Untersuchungsausschuß des Reichstags zu dem Schluß, daß in Versailles möglicherweise »einige Erleichterungen zu erreichen gewesen« wären, »wenn Erzberger es auch seinen Freunden verschwiegen, die Unabhängigen es nicht der Welt verkündet hätten, daß der Vertrag unter allen Umständen unterzeichnet werden müsse«. Philipp Scheidemann schrieb in seinen Memoiren,

er sei in seinem »Glauben an die unbedingte Festigkeit der Männer im Reichskabinett« erschüttert worden, als er bemerkte, »daß Erzberger sich anders eingestellt hatte und nun Tag für Tag bei Ebert bohrte«.

Einen Monat nach der Unterzeichnung des Friedensvertrags telegraphierten Angehörige des ›Reichswehr Infanterie Regiments Generalfeldmarschall von Hindenburg Nr. 39‹ nach Berlin, sie betrachteten »als den hauptschuldigen [...] den reichsminister erzberger«:

»er war einer der maenner welche den siegeswillen des volkes durch leichtfertige behauptungen ueber die versoehnungsbereitschaft unserer feinde laehmten. sein werk ist der waffenstillstand der uns vernichtete. dann aber wuszte er es geschickt zu vermeiden selbst den schmachfrieden zu unterzeichnen. dieser mann hat unsere achtung verloren wir verlangen seine entfernung aus der regierung.«

Nationalistische Lüge und Wahrheit

Ein Dolchstoß, der eine Legende ist

Ein Dolchstoß, der keine Legende ist

Oskar Theuer
Ulk (1921)

Mit ihrer Forderung nach der »Entfernung« Erzbergers standen die Soldaten aus dem ostpreußischen Willenberg nicht allein: Karl Helfferich, bis 1917 selbst Mitglied der Reichsregierung und nach der Revolution einer der Wortführer der Deutschnationalen Volkspartei (DNVP), publizierte ebenfalls 1919 unter dem Titel »Fort mit Erzberger!« eine Kompilation von Zeitungsartikeln, in denen er die oben dargestellten Anklagen ausführlich vorgebracht hatte. Jeweils eingeleitet durch den Satz »Das ist Herr Erzberger, der ...« wurden die vier zentralen Vorwürfe – Kooperation mit dem österreichischen Kaiserhaus, Friedensresolution, Waffenstillstand und Versailles – im »Schlußwort« rhetorisch

wirkungsvoll zusammengefaßt und mit der Feststellung abgeschlossen: »Deshalb gibt es für das deutsche Volk nur eine Rettung. Überall im Lande muß mit unwiderstehlicher Gewalt der Ruf ertönen: Fort mit Erzberger!«. Der ›Völkische Beobachter‹ stellte Anfang 1919 fest, ein Verfahren vor dem »Staatsgericht des Deutschlands der Zukunft« würde für »Dutzende großer und kleiner Geschäftspolitiker, Ideologen und politischer Phantasten« wie Prinz Max von Baden oder Scheidemann – Erzberger dürfen wir wohl ebenfalls dazuzählen – »zum tödlichen Verhängnis ausschlagen«. In einem vom ›Deutschvölkischen Schutz- und Trutzbund‹ herausgegebenen Heft erklärte Alfred Roth im gleichen Jahr ohne Umschweife, daß Erzberger und andere Parlamentarier »längst hätten an die Mauer gestellt werden müssen«.

Im Juli 1919 reagierte Erzberger auf die Anschuldigungen der Rechten, indem er vor der Nationalversammlung die »Länge des Krieges« und »schwere Mißstände beim Heere« als Ursachen der Niederlage nannte. Dann drehte er den Spieß um: Nicht die Revolution sei für den Zusammenbruch verantwortlich, sondern die Militärs beziehungsweise die Konservativen selbst, die das Volk fortwährend »über das Maß des militärisch und politisch Erreichbaren« getäuscht sowie einen »katastrophalen Mangel an innen- und außenpolitischer Einsicht« an den Tag gelegt hätten.

Erfolg hatten solche Bemühungen erwartungsgemäß keinen. Nachdem der ›Völkische Beobachter‹ noch am 7. Juli 1921 geschrieben hatte, »die Pestbeule Erzberger« habe Deutschland damals »verkauft und verraten«, wurde der vormalige Finanzminister und Vizekanzler am

26. August ermordet; das Attentat eines anderen ehemaligen Offiziers hatte er im Januar 1920 schwer verletzt überlebt. Als Mörder wurden zwei ehemalige Offiziere ermittelt, die Mitglieder verschiedener rechtsextremer Organisationen waren - unter anderem auch des ›Deutschvölkischen Schutz- und Trutzbundes‹. Der ebenfalls diesem Lager zuzurechnende ›Miesbacher Anzeiger‹ kommentierte die Tat mit den Worten, »dem Mann von Dummheit und Fanatismus« sei »ein guter Abgang bereitet worden«; Graf Westarp suchte die Tat in der Kreuz-Zeitung mit der »Verzweiflung über Deutschlands wehrlose Sklaverei« zu verharmlosen. Sicherlich nicht zu Unrecht warf der Vorstand der SPD den bürgerlichen Rechtsparteien vor, sie würden mit »ihren Lügen der Fronterdolchung, des Einverständnisses der Republikaner mit den Feinden Deutschlands usw. [...] den geistigen Nährboden« schaffen, »auf dem dann die Mordtaten erwachsen«.

Allerdings beruhte der Haß der Rechten gegen Erzberger nicht allein auf seiner angeblichen Verantwortung für den verlorenen Krieg. In einem Artikel der ›Neuen Freien Presse‹ (Hagen) hieß es im August 1921, die »ganze Hetze gegen Erzberger« sei auf seine Steuerpolitik in den Jahren 1919/20 zurückzuführen. Als die NSDAP in jenen Tagen auf einem Plakat zweiundzwanzig Vorwürfe gegen Erzberger auflistete, bezog sich die Hälfte davon auf den verlorenen Weltkrieg, der Rest betraf vermeintliche persönliche Verfehlungen sowie die Finanzpolitik.

Wenige Wochen vor dem Mord zeigte die ›Deutsche Zeitung‹ »eine rote Linie« auf, die sämtliche gegen Erzberger erhobenen Vorwürfe miteinander verband:

»Er ist einer jener Führer der inneren ›Entente‹, die gemeinsam mit der äußeren Deutschland in Sklavenfesseln geschlagen hat. Von der Zerstörung jeder Friedensmöglichkeit durch Bekanntgabe des Czerninschen Geheimberichtes 1917, von der tückischen Friedensresolution 1917 [...] führt eine rote Linie bis zum Erzbergerschen Waffenstillstand, bis zur Auslieferung der Handelsflotte, bis zur ›Sozialisierung‹ der Reichsfinanzen und bis zum heutigen Tage. Es war die Unglückslinie des deutschen Volkes, auf der es in den Abgrund stürzte. [...] Wichtig ist vor allem der Nachweis des überaus engen Liebesverhältnisses Erzbergers zu den Revolutionsschiebern und den nutznießenden Freunden des Ententekapitalismus, vor allem also zur U.S.P.D. und ihren bolschewistischen Einpeitschern.«

Für Matthias Erzberger führte die Linie solcher Vorwürfe schließlich in den öffentlich geforderten und quasi angekündigten Tod, den die Täter und ihresgleichen dann mit eben diesen Argumenten zu rechtfertigen suchten.

Rainer Sammet, Historiker und derzeit Studienreferendar, wurde mit »›Dolchstoß‹. Deutschland und die Auseinandersetzung mit der Niederlage im Ersten Weltkrieg 1918 bis 1933« an der Universität Freiburg 2001 promoviert (erscheint demnächst).

Wolfgang Michalka

Vom »Dolchstoß« zum politischen Mord: Matthias Erzberger in der Strategie terroristischer Gegenrevolution

Es war ein trüber Vormittag. Leichter Nieselregen und das Gewitter der vorangegangenen Nacht hatten die Waldwege am Fuße des Kniebis, unweit von Bad Griesbach im Nordschwarzwald durchweicht und glitschig gemacht.

Zwei Spaziergänger, von denen einer auf den anderen heftig einredet, entschließen sich umzukehren. Da werden sie von zwei jungen Männer überholt, die ihnen schon vor einer Weile begegnet waren. Wortlos ziehen diese aus ihren Manteltaschen Pistolen und schießen aus nächster Nähe auf die beiden Herren. Auf einen der beiden geben sie mehrere tödliche Schüsse ab. Der andere, verletzt, kann sich noch mit eigener Kraft nach Bad Griesbach schleppen.

Wir schreiben Freitag, den 26. August 1921, und die stehengebliebene Uhr des bestialisch Ermordeten zeigt 11:05 Uhr.

Es ist Matthias Erzberger, Zentrumspolitiker und noch vor wenigen Wochen Vizekanzler und Reichsfinanzminister. Sein angeschossener Begleiter, Carl Diez, ebenfalls Reichstagsabgeordneter für das Zentrum, kann die Täter beschreiben, aber die polizeiliche Untersuchung beginnt erst am darauffolgenden Tag. Wertvolle Zeit vergeht.

Polizei und Staatsanwaltschaft aus Offenburg arbeiten jedoch zügig und effektiv. Zwei Gäste, die sich als Studenten ausgegeben und unter den Namen Riese und Bergen im Gasthof »Zum Hirschen« im Nachbarort Oppenau ab dem 21. August einquartiert hatten, kommen am Nachmittag des Mordtages, vom Regen stark durchnäßt, zurück und reisen ab. Sie hinterlassen allerdings weiterführende Spuren. Weggeworfene Papierschnitzel verraten Telefonnummern, auch Namen und Adressen. Schnell sind die Täter identifiziert: Die ehemaligen Marineoffiziere Heinrich Schulz, 28 Jahre, und Heinrich Tillessen, 27 Jahre, aus München. Ihre Wohnung in der Maximilianstraße 33 ist jedoch leer, längst konnten sie sich ins Ausland absetzen.

Was jeder vermutet hat, wird schnell Gewißheit: Die beiden Attentäter sind keine fanatischen Einzeltäter, sondern Mitglieder einer terroristischen Untergrundbewegung. Denn die Ermittlungsgruppe stößt auf eine weitverzweigte Geheimorganisation, die offensichtlich den Mord geplant, die Täter ausgelost

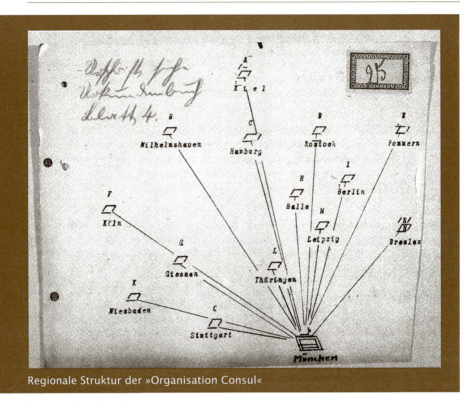

Regionale Struktur der »Organisation Consul«

und finanziert sowie ihnen auch zur Flucht verholfen haben muß. Es ist die »Organisation Consul«, die unter dem unverdächtigen Namen »Bayerische Holzverwertungsgesellschaft m.b.H.« ihre Zentrale in der Trautenwolfstraße 8 in München hat. Bei der Durchsuchung ihrer Räume kann festgestellt werden, daß überstürzt große Mengen belastendes Material vernichtet wurden. Aufgefundene Waffen und Pistolenmunition sind vom gleichen Kaliber wie jene Geschosse, mit denen Erzberger ermordet wurde. Stempel und Organigramme militärischer Formationen bieten reichhaltige Hinweise auf Profil und Selbstverständnis der Geheimorganisation.

Eine Angestellte gibt zu, Schulz und Tillessen häufig in diesem Büro gesehen zu haben. Die Mörder Erzbergers, die in der Marinebrigade gedient hatten, gehörten der Untergrund-»Organisation Consul« (O.C.) an. Eine aufgefundene Skizze der Abteilungen der O.C. in ganz Deutschland führt zu zahlreichen weiteren Wohnungsdurchsuchungen mit ähnlich guten Ergebnissen und zusätzlichem belastenden Material.

Schließlich kann Manfred von Killinger festgenommen werden. Er war derjenige, der mit den beiden auserkorenen Tätern direkten Kontakt hatte. Er bestreitet zwar seine Zugehörigkeit zur O.C., muß jedoch zugeben, Schulz und Tillessen zur Flucht verholfen zu haben. Schließlich geht ein Hinweis ein, beide seien in Budapest gesehen worden. Nachforschungen können diesen Verdacht bestätigen: Seit dem 8. November residieren die Attentäter Erzbergers in einem der vornehmsten Hotels der ungarischen Hauptstadt. Ungarn weigert sich allerdings, die Täter nach Deutschland auszuliefern. Erst 1933 kommen sie nach Deutschland zurück und werden von den nationalsozialistischen Machthabern nicht nur amnestiert, sondern für ihre Tat auch noch ausgezeichnet. 1946 stehen sie schließlich vor einem deutschen Gericht, werden aber freigesprochen. Die französische Militärregierung, und zwar das »Tribunal Général«, das am 6. Januar 1947 in Rastatt zusammentritt, kassiert diesen Freispruch. In einem zweiten Prozeß im Februar 1947 werden die beiden Attentäter endlich zu 15 bzw. 12 Jahren Zuchthaus verurteilt, jedoch wenige Jahre später auf Bewährung entlassen.

Der Erzberger-Mord vor gut 80 Jahren, bildet den ersten Höhepunkt einer Attentatsserie, die mit der Ermordung Rosa Luxemburgs und Karl Liebknechts Anfang 1919 beginnt und am 24. Juni 1922 mit dem Attentat auf Reichsaußenminister Walther Rathenau ihren vorläufigen Abschluß finden sollte.

Emil Julius Gumbel, Privatdozent für Statistik an der Universität Heidelberg, hat die Anzahl dieser politischen Verbrechen zusammengestellt. In seinem 1922 erschienenen Buch »Vier Jahre politischer Mord« kommt er auf über 350 politische Attentate, die seit Bestehen der Weimarer Republik zu beklagen waren; nicht mitgezählt die in die Tausende gehenden Toten der Bürgerkriegskämpfe 1919 – besonders in Berlin und München. Gumbels Liste beginnt 1919 mit den Opfern der Januarkämpfe in Berlin und endet im Sommer 1922. Unter den Nummern 8 und 9 finden sich die Namen Rosa Luxemburg und Karl Liebknecht, die in einem Akt von Lynchjustiz am 15. Januar 1919 umgebracht wurden. Unter den Nummern 353 und 354 Matthias Erzberger und Walther Rathenau. Der gewaltsame Tod dieser vier, aber auch der anderen genannten, war eindeutig Mord, langfristig geplant und generalstabsmäßig durchgeführt.

Die Frage, die natürlich auch bereits die damals Lebenden beschäftigte und auf die Gumbels Untersuchung zielte, lautet: Gibt es einen Zusammenhang, einen Plan, ein politisches Konzept und möglicherweise auch einen gemeinsamen Täterkreis für diese Mordserie?

Für die brutale Ermordung der beiden Spartakusführer und Mitbegründer der Kommunistischen Partei Deutschlands (KPD) wurde eine kleine Gruppe von Offizieren der Freikorps-Gruppe »Garde-Kavallerie-Schützendivision« (GKSD) als Täter überführt und angeklagt. Die Strafen des von der Öffentlichkeit stark beachteten Prozesses vor einem Feldkriegsgericht fielen allerdings höchst niedrig aus. Von den neun Angeklagten wurden nur zwei, der Husar Otto Runge und Oberleutnant a.D. Kurt Vogel »wegen Wachvergehens im Felde, wegen versuchten Totschlages in Tateinheit mit gefährlicher Körperverletzung unter Mißbrauch der Waffe« zu einer Strafe von zwei Jahren bzw. zwei Jahren und vier Monaten Gefängnis sowie zur Dienstentlassung verurteilt. Alle anderen Angeklagten wurden frei gesprochen. Und nur drei

Eine Konsequenz des Versailler Vertrages:
Die Vernichtung von Waffen

Tage nach dem Urteilsspruch verschwand der Verurteilte Vogel aus dem Gefängnis. Mit falschen Papieren wurde er nach Holland »abgeschoben«. Der akuten Gefahr, er könne »auspacken« und Hintermänner ausplaudern, sollte vorgebeugt werden. Der mit dieser »Aktion« betraut wurde, war kein geringer als Wilhelm Canaris, der spätere Admiral und von 1935 bis 1944 Leiter des Amtes Abwehr, bis er selbst von den Nationalsozialisten nach einem SS-Standgerichtsverfahren im Konzentrationslager Flossenbrück ermordet wurde.

Das Gerichtsverfahren »Luxemburg-Liebknecht« sollte jedoch ein Nachspiel haben. Der Ankläger Paul Jorns, der schon 1925 zum Reichsanwalt in eines der höchsten juristischen Ämter avancieren konnte, wurde von einem unter Pseudonym verfaßten Artikel der Zeitschrift »Das Tagebuch« wegen seiner parteiisch-tendenziellen Verhandlungsführung scharf angegriffen. Um seinen Ruf als Reichsanwalt zu wahren, strengte er ein Beleidigungsverfahren gegen die Zeitschrift an. Dieser Prozeß wurde zum Medienereignis der Jahre 1928 bis 1930. Denn der Anwalt der Gegenpartei, Paul Levi, ein ehemaliger enger Vertrauter und Mitarbeiter von Rosa Luxemburg, verstand es meisterlich, nicht nur die Vorwürfe gegen Jorns zu erhärten, sondern vor allem auch die zwielichtige Rolle der Reichswehr in ihrem Verhältnis zu den Freikorps aufzudecken und anzuprangern. Levis Plädoyer gipfelte in der Feststellung: »Das war der erste Fall, in dem Mörder mordeten und wußten, die Gerichte versagen«. Damit war der »Sündenfall« der Justiz in der Weimarer Republik offenkundig. Nichtsdestoweniger blieb Jorns im Amt und stieg im NS-Staat sogar zum lei-

tenden Staatsanwalt beim Volksgerichtshof auf. Gumbels Urteil über die deutsche Justiz ist dann auch vernichtend: »354 politische Morde von rechts; Gesamtsühne: 90 Jahre, 2 Monate Einsperrung, 730 M. Geldstrafe und 1 lebenslängliche Haft ... 22 Morde von links; Gesamtsühne: 10 Erschießungen, 248 Jahre, 9 Monate Einsperrung, 3 lebenslängliche Zuchthausstrafen«. Der Beleg dafür,

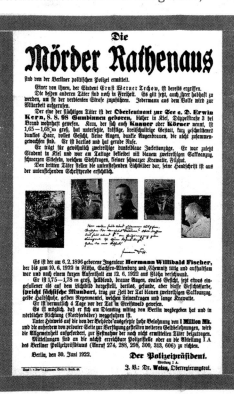

daß die deutsche Justiz offensichtlich auf dem rechten Auge nur eingeschränkt sehen könne, war damit erbracht.

Die Täter, die diese politischen Morde geplant und in brutalster Weise »vollzogen« hatten, mußten zwangsläufig den Eindruck gewon-

de? Sind sie symptomatisch für die Weimarer Republik? Ist dieses Gewaltpotential insgesamt aus den besonderen Erfahrungs- und Entstehungsbedingungen dieser ersten deutschen Republik zu erklären: aus Krieg, Niederlage, Revolution und latenter Krisenlage?

Die von den Siegermächten ultimativ geforderte Demobilisierung der militärischen Streitmacht des besiegten Deutschen Reiches und die im Versailler Vertrag festgelegte Umwandlung in ein langdienendes Berufsheer von 100 000 Mann, bei 4 000 Offizieren bedeutete, daß drei Viertel der im Dienste stehenden Soldaten und 20 000 von 24 000 Offizieren entlassen werden mußten und das in kürzester Zeit.

Bei den meisten Betroffenen, besonders aber bei den Offizieren löste dies eine fundamentale Sinnkrise aus. Ihr bisheriger Lebensinhalt und ihr Wertesystem wurden elementar in Frage gestellt. Es war ihnen kaum möglich, die aus Kriegsniederlage und Revolution geborene Republik von Weimar als »ihren Staat« zu akzeptieren und sich loyal in ihren Dienst zu stellen. Und selbst Regierung und Heeresleitung befanden sich in einem kaum lösbaren Dilemma. Auf der einen Seite wurden militärische Kräfte dringend benötigt, im Innern gegen linksradikale Putschbewegungen besonders in Berlin und München, aber auch nach außen, beispielsweise gegen die polnischen Übergriffe in Schlesien. Auf der anderen Seite mußte den Siegermächten in den vorgeschriebenen kurzen Zeitspannen die Reduzierung der Streitmächte und die Abgabe beziehungsweise Vernichtung des Waffenpotentials als ultimative Voraussetzung für die Erhaltung der Einheit und Souve-

nen haben, daß ihre Tat nicht nur von der breiten Öffentlichkeit gut geheißen, sondern auch von den Gerichten toleriert und als Bagatelldelikte äußerst »milde« geahndet wurden.

Die Ermordung Rosa Luxemburgs und Karl Liebknechts im Januar 1919 sowie die nur »gebremste« Strafverfolgung und deren Wahrnehmung in der Öffentlichkeit können exemplarisch stehen für die Eskalation der Gewalt zu Beginn der Weimarer Republik. Vorbereitung, Ausführung und Täterkreis sowie die meist zustimmende Berichterstattung in der Presse lassen ein Muster erkennen, das den Folgetaten zugrunde lag. Dieses Handlungsschema ist bei der Ermordung Erzbergers und Rathenaus evident.

Warum gerieten gerade diese beiden Politiker in das Fadenkreuz der rechtsradikalen, terroristischen »Organisation Consul«? Und in welchem Zusammenhang stehen diese Mor-

ränität des Reiches demonstriert werden.

Wehrgruppen und Freikorps wurden zu Auffang- und Sammelbecken für Soldaten, die sich gegen die gewandelte Realität wehrten und diese zu verdrängen suchten. Anstatt nach den Ursachen des deutschen Zusammenbruchs zu fragen, flüchteten sie in den Selbstbetrug. Nicht die militärische Unterlegenheit sei für die Niederlage verantwortlich, sondern der Dolchstoß der Heimat in den Rücken der angeblich kaisertreuen und erfolgreich kämpfenden Truppen.

Auch die militärische Führung wies die Verantwortung für die Niederlage zurück. So konnte es geschehen, daß ein ungedienter Zivilist wie Matthias Erzberger als Leiter der deutschen Waffenstillstandskommission sich auf den Weg nach Compiégne machte, um dort anstelle der Obersten Heeresleitung am 11. November 1918 den Waffenstillstandsvertrag zu unterschreiben. Nach außen sollte bei der Beendigung des Krieges nicht die kaiserliche Armeeführung in Erscheinung treten, sondern die ›linksstehenden Parteien‹. Sie sollten das ›Odium des Friedensschlusses‹ mit den für Deutschland voraussehbaren negativen Bestimmungen auf sich nehmen. Die stark emotionalisiert geführte Auseinandersetzung um die Ursachen des Zusammenbruchs war dann auch mehr oder weniger geprägt von gegenseitiger Schuldzuweisung und Verdrehung der Realität, keinesfalls von einem Bemühen um sachliche Aufarbeitung. Der Kampf gegen die sogenannte Kriegsschuldlüge und die Umdeutung der Niederlage als Dolchstoß der ›Novemberverbrecher‹ verbanden sich zur zentralen Lebenslüge der deutschen Gesellschaft nach dem Ersten Weltkrieg. Begleitet wurde dieser Meinungsstreit von zunehmender Radikalisierung und Gewaltbereitschaft. Damit trat die Revolution in ihre blutige Phase ein. Physische Gewaltanwendung und politische Morde gehörten fortan zum Signum der politischen Auseinandersetzung in Deutschland. Der Krieg an der äußeren Front fand seine Fortsetzung an der inneren. Der Kampf gegen den inneren Feind suggerierte die herbeigesehnte Notwendigkeit, die

Rückkehr ins zivile Leben aufschieben zu müssen und generell verweigern zu können. Die große Gewaltbereitschaft, die die innenpolitische Auseinandersetzung prägte und zur ›Brutalisierung‹ der deutschen Politik führte, ist ohne die Gewalterfahrung des Krieges kaum verständlich. »Wir hatten vier Jahre einander getötet, es kam auf einen mehr oder weniger nicht an« (Liepmann, zitiert nach Helmut Trotnow). Die Öffentlichkeit der Weimarer Republik gewöhnte sich daran, daß Gewalt zum tolerierten Mittel der Politik wurde. Der latente Bürgerkrieg wurde zum Menetekel der bedrohten ungeliebten Republik.

Im Frühjahr 1920 schien für die entschiedenen Gegner der Weimarer Republik endlich der Moment gekommen zu sein, um mit einem Befreiungsschlag das abgelehnte »System« von Weimar und Versailles zu beseitigen. Am 13. März marschierten Truppen in Berlin ein, besetzten Regierungsgebäude, und der Generallandschaftsdirektor von Ostpreußen Wolfgang Kapp rief sich zum Kanzler aus. Vorausgegangen war die Weigerung von General v. Lüttwitz, die ihm unterstellten Truppen Mittel- und Ostdeutschlands aufzulösen. Davon betroffen wäre auch die bei Einsätzen im Innern bewährte Elitetruppe, das Freikorps Ehrhardt, gewesen. Die Angehörigen dieser Brigade widersetzten sich der bevorstehenden Entlassung nicht nur aus materiellen, sondern auch aus politischen Gründen. Denn sie betrachteten ihre Truppe und ihren Führer, den Korvettenkapitän Ehrhardt, als Zentrum und Kopf einer Neuordnung Deutschlands nach ihren Ideen. General v. Lüttwitz nahm Kontakt auf mit der »Nationalen Vereinigung«, die sich um den verabschiedeten General Ludendorff gruppiert hatte und in Wolfgang Kapp ihren kommenden Mann sahen.

Der schlecht geplante und diletantisch durchgeführte Kapp-Lüttwitz-Putsch scheiterte nach wenigen Tagen am spontan ausgerufenen Generalstreik in Berlin und an der Weigerung der Behörden, mit der selbsternannten Regierung zusammenzuarbeiten.

Eine neue Strategie war notwendig.

Das war nun die Stunde der »Organisation Consul«. Sie stellte den »harten Kern« der in den Untergrund abgetauchten Freikorps dar. Ihre Befehle erhielten sie vom Gründer und Chef der O.C., Kapitän Hermann Ehrhardt, der getarnt in Bayern lebte, um sich dem Zugriff der preußischen Polizei zu entziehen. Er verfügte über ausgezeichnete Verbindungen zu bayerischen Regierungsstellen und genoß den Schutz des Münchener Polizeipräsidenten Pöhner. Nach dem Scheitern des Kapp-Lüttwitz-Putsches verfolgte Ehrhardt den Plan, durch gezielte Anschläge auf demokratische Politiker die Linke zu einem großen Aufstand zu verleiten. Dessen Niederschlagung durch Reichswehr, Polizei und deutschvölkische Kampfverbände sollte dann die 1920 noch fehlende möglichst breite Einheitsfront gegen die Republik von Weimar schaffen. Die angestrebte nationale Diktatur hatte das Ziel, das Werk der »Novemberverbrecher« zu annullieren und die Bedingungen von Versailles möglichst schnell zu revidieren.

Für diese Provokationsstrategie konnte es kein besseres Opfer geben als Matthias Erzberger. Er bot die vermeintlich ideale Zielscheibe für geradezu alle Vorwürfe und Anschuldigungen gegen die Republik von Weimar. Er war Mitverfasser der Friedensresolution von 1917, Unterzeichner des Waffenstillstands 1918 und Befürworter der Unterzeichnung des Versailler Vertrages 1919. Als Finanzminister setzte er eine Finanzreform durch, mit der die Finanzhoheit des Reiches gegenüber den Ländern hergestellt und die Voraussetzungen für geordnete Reichsfinanzen und für die Konsolidierung der Nachkriegswirtschaft geschaffen werden sollten. Die hierfür zusätzlich notwendigen radikalen Steuererhöhungen brachten ihm weitere Gegner im bürgerlichen Lager ein. Erzberger stand im Zentrum der Macht und versuchte, der Öffentlichkeit Realitätsbewußtsein zu vermitteln, indem er den Zusammenhang von Kriegskosten und Inflation beim Namen nannte. Der Zentrumspolitiker Erzberger gehörte zu den bürgerlichen Symbolfiguren der Weimarer Republik, die nicht nur Vernunftrepublikaner waren, sondern die Republik von Grund auf bejahten. Daß die extreme Rechte Politiker wie ihn haßte, kann kaum überraschen.

Der Historiker Hagen Schulze schreibt über Erzberger:

»Niemand war für die Rolle des Sündenbocks geeigneter als er; nicht nur, daß er bei allen politischen Entscheidungen der letzten Jahre dabei gewesen war, auch seine Persönlichkeit, sein Auftreten, sein Aussehen machten es leicht, ihn abstoßend zu finden. Keiner besaß größere Verdienste um die Parlamentarisierung des Reiches und um die Festigung der Regierungskoalition, und die Reichsfinanzreform, die Erzberger nunmehr als Finanzminister im Reichskabinett Bauer anging, gehört zu den Jahrhundertwerken; aber er war dennoch ein Unglück für das Reich, für die Demokratie und für Erzberger selbst, daß gerade bei ihm so viele Fäden der Republik zusammenliefen. Selbst engagierte Demokraten fanden ihn dégoutant.«

Während die Nationalversammlung über die von Erzberger eingebrachte Finanzreform debattierte, überschütteten Hunderte von Zeitungen und in Riesenauflagen gedruckte Flugblätter den Reichsfinanzminister mit Kübeln von Unrat. Alle Diffamierungen und Hetzkampagnen übertroffen hat eine Artikelserie in der deutschnationalen »Kreuz-Zeitung«, die dann nochmals als auflagenstarke Broschüre unter dem Titel »Fort mit Erzberger!« erschien. Ihr Autor war kein geringerer als Karl Helfferich, während des Krieges selbst als Staatssekretär für die Finanzen verantwortlich, der von Erzberger in einer Parlamentsdebatte als der »leichtfertigste[...] aller Finanzminister« beschuldigt und provoziert wurde.

Der auf diese Weise öffentlich bloßgestellte Helfferich reagierte mit einem beispiellosen Rachefeldzug, so daß Erzberger nichts anderes übrigblieb, als wegen übler Nachrede und Rufmord zu klagen. Und genau das war es, was sein Kontrahent beabsichtigte. Bei dem stark beachteten und von nahezu allen Zeitungen ausführlich berichteten Prozeß sah sich der Kläger gezwungen, alle Beschuldigungen selbst zu entkräften. Erzberger befand sich bald in der Rolle des Angeklagten.

Helfferichs Schmähungen und Haßtiraden wurden wörtlich genommen und als Aufforderung zur Tat verstanden. Erzberger wurde nicht nur zur Zielscheibe politischer Kritik, sondern auch von Pistolenkugeln. Seine Ermordung am 26. August 1921 war der fünfte Anschlag auf ihn in wenigen Wochen.

Noch erschreckender fast als der Erzberger-Mord selbst war der schamlose Jubel und die offene Schadenfreude, mit der er von vielen Deutschen aufgenommen wurde. Die steckbrieflich verfolgten Attentäter wurden von vielen in Schutz genommen; denn ihre Tat wurde als national notwendig und damit als legitim gerechtfertigt. Mit Entrüstung schrieb ein evangelischer Theologe, Professor Martin Rade in der »Christlichen Welt«: »Ungeheu-

erlich ist es, mit welchem Jubel ungezählte evangelische Christenleute
diese Nachricht begrüßt haben. Ungeniert macht sich die Stimmung
laut, auf den Straßen, in den Eisenbahnen, in den Familien«. Dieser Haß mag bei manchen ehrliche
Entrüstung gewesen sein über Verfehlungen, deren sie Erzberger
schuldig glaubten. Aber bei Unzähligen war er politisch bestimmt: er
richtete sich gegen den Politiker, der
durch seine Tatkraft und Sachkun-
de eine starke Stütze der Republik
werden konnte. Aber was Erzbergers
Feinde ihm am wenigsten verzeihen
konnten, war, daß er in Compiègne
den Waffenstillstand unterzeichnet
hatte. Deswegen jubelten sie bei der
Nachricht von seiner Ermordung.

Auf der anderen Seite reagierten
Anhänger der Republik empört,
denn sie empfanden das Attentat als
einen Angriff auf den neuen Staat,
und sie verlangten, daß dem Treiben derer entgegen getreten werde,
die ihn offen und mit allen Mitteln
zu untergraben versuchten. Es war
ja nicht der erste Mordfall dieser Art.
Erzbergers Begräbnis in Biberach
am 31. August 1921 wurde regelrecht zu einer Massendemonstrati-
on für die Republik. In Berlin ge-
dachten nahezu eine halbe Million
des Ermordeten und forderten laut-
stark ein hartes Vorgehen gegen die
Feinde der Republik

Kapitän Ehrhardt und die »Organisation Consul« konnten zwar
mit der Ermordung Erzbergers eine
Polarisierung der deutschen Gesellschaft erreichen, aber das eigentli-
che Ziel, die Linksparteien zum
Putsch zu provozieren, um dann
selbst als Retter des Vaterlandes eingreifen zu können, wurde verfehlt.
Im Gegenteil: Die O.C. konnte ent-
tarnt und ihre Struktur erheblich
gestört werden.

Weitere Attentate sollten die Situation in ihrem Sinne »reif« machen! Auf einer Liste der zu liqui-
dierenden Weimarer standen neben
Reichskanzler Joseph Wirth und
Reichspräsident Friedrich Ebert die
Namen Rathenau, Scheidemann,
Zeigner und Lipinski, ja sogar Ban-
kiers wie Max Warburg und Oskar
Wassermann, der Journalist Theodor Wolff und der Verfassungsjurist
Walther Schücking. Die O.C. hielt
an ihrer Provokationstrategie fest.

Weil er mehrfache Warnung nicht
ernst genommen hatte, konnte am
4. Juni 1922 der Oberbürgermeister
von Kassel und früherer Ministerpräsidenten Philipp Scheidemann
auf einem Waldspaziergang in Kas-
sel-Wilhelmshöhe überfallen und mit
einer tödlichen Dosis Blausäure
bespritzt werden. Nur seiner Gei-
stesgegenwart – er zog eine Pistole
und vertrieb die Attentäter – und
den Windverhältnissen war es zu
verdanken, daß Scheidemann über-
lebte.

Keine drei Wochen später wurde
Reichsaußenminister Walther Rathenau ermordet. Fast noch mehr als
Matthias Erzberger wurde auch er
zur Zielscheibe rechtsradikaler Kritik
und übelster Verleumdungen. War
es doch der Unternehmer Rathenau,
der zwar zu Beginn des Ersten Weltkrieges die Kriegsrohstoffabteilung
im preußischen Kriegsministerium
eingerichtet, einige Zeit geleitet und
damit die Voraussetzungen für die
wirtschaftliche Kriegführung geschaffen hatte, aber nun als Kriegsgewinnler beschuldigt wurde. Als
Wiederaufbau- und dann als Reichsaußenminister vertrat er wie schon
Erzberger eine Verständigungspolitik, die aber als Deutschland scha-
dende Erfüllungs- und Verzichtspo-

MG-Trupp der »Brigade Ehrhardt« an der thüringischen Grenze, November 1923

litik gebrandmarkt wurde. Schließlich gelang es ihm, zu Ostern 1922 in Rapallo mit Sowjetrußland einen Vertrag zu schließen, der eine gegenseitige Verzichtserklärung wirtschaftlicher Reparationen und die Aufnahme diplomatischer und wirtschaftlicher Beziehungen vorsah. Weil aber der Rapallo-Vertrag, der besonders auch von der Reichswehrführung begrüßt wurde, von dem Juden Rathenau abgeschlossen wurde, galt dies als »untrügliches« Zeichen einer Verschwörung des Weltjudentums, was wiederum Rathenau vorgeworfen wurde.

Gegen Rathenau setzte eine entwürdigende Hetzkampagne ein, die in nichts den Diffamierungen Erzbergers nachstand. »Rathenau, der Walther, erlebt kein hohes Alter!« oder »Knallt ab den Walther Rathenau die gottverfluchte Judensau!« waren die häufig zu hörenden Haßtiraden, die offen die Ermordung des

geschmähten Politikers forderten.

Er selbst hatte der Witwe Erzbergers mit den Worten kondoliert, daß er das nächste Opfer sein könne. Und so kam es auch. Am 24. Juni 1922 wurde er auf dem Wege in das Auswärtige Amt im offenen Wagen tödlich getroffen. Die beiden Mörder, der dreiundzwanzigjährige Student Erwin Klein und der knapp drei Jahre ältere Student Hermann Fischer wurden nach einer wilden Verfolgungsjagd schließlich am 17. Juli 1922 in der an der Saale gelegenen Rudelsburg aufgespürt, wo sie sich im Turm verschanzt hatten. Kern wurde erschossen, Fischer erschoß sich selbst. Vorher brachten sie von der Dachplattform der Burg ein Hoch auf Kapitän Ehrhardt aus.

Es gelang den sofort zugreifenden Ermittlungsbehörden, mit Ausnahme Ehrhardts praktisch die gesamte Münchener O.C.-Leitung auszuheben und durch zahlreiche weitere Verhaftungen im ganzen Reichsgebiet die Organisationsstruktur des Geheimbundes zu zerschlagen. Doch das weitere juristische Verfahren verlief schleppend. Die Anklageerhebung wegen Anstiftung bzw. Beihilfe zum Mord gehörte in die Zuständigkeit der badischen Staatsanwaltschaft Offenburg, die wegen Geheimbündelei hingegen nach München, und die Trennung der Verfahren erwies sich als schwierig. Längst waren auch sämtliche Angeklagten mit Ausnahme v. Killingers wieder auf freiem Fuß, und dieser selbst wurde bereits am 13. Juni 1922 von den Geschworenen des Offenburger Landgerichts auch vom Vorwurf der Beihilfe zum Erzbergermord freigesprochen.

Die schnellen und umfassenden Fahndungserfolge der Polizei nach dem Rathenaumord lähmte die O.C. Damit war ihre Strategie abermals gescheitert, durch fortgesetzte Angriffe auf Repräsentanten und Einrichtungen der verhaßten Republik den Staat so lange in seiner Ohnmacht bloßzustellen, bis sich die immer heftiger gereizte Arbeiterschaft erheben würde. Auf diese Weise sollte die Situation geschaffen werden, mit der schon im Sommer 1921 mit der Ermordung Erzbergers gerechnet wurde. Aber das Gegenteil trat ein! Abermals demonstrierten Hunderttausende von Arbeitern für Rathenau und damit für die Weimarer Demokratie. Und in der schon legendären Reichstagsitzung am 25. Juni 1922 unmittelbar nach der Ermordung Rathenaus nannte der Zentrumspolitiker und Reichskanzler Joseph Wirth die eigentlichen Drahtzieher der brutalen Attentatsserie beim Namen: »Dort steht der Feind, der sein Gift in die Wunden eines Volkes träufelt, da steht der Feind, und darüber ist kein Zweifel:

Dieser Feind steht rechts!« Helfferich und Fraktionsmitglieder der DNVP wurden mit »Mörder, Mörder!«-Rufen aus dem Plenarsaal gedrängt.

Was der O.C. mit ihren Terroranschlägen nicht gelang, schuf Anfang 1923 eine außenpolitische Konfliktsituation: Im Januar besetzten französische und belgische Truppen das Ruhrgebiet, um ausstehende Reparationsleistungen des Deutschen Reiches durch eine »Politik der produktiven Pfänder« einzutreiben. Die Reichsregierung rief den passiven Widerstand aus. Die internationale Krise und die wirtschaftliche Katastrophe im Jahre 1923 schufen die lang vermißte nationale Einheitsfront und leiteten schließlich unter Gustav Stresemann als Reichskanzler und dann als langjährigen Außenminister eine sowohl innen- als auch außenpolitische Konsolidierung ein.

Für die umkämpfte Republik bedeutete diese Phase allerdings nur eine kurze Atempause. Denn die katastrophalen Auswirkungen der Weltwirtschaftskrise zu Beginn der dreißiger Jahre schufen eine Situation, wie sie die gegenrevolutionären Kräfte herbei gesehnt hatten: Mit der Ernennung Hitlers zum Reichskanzler endete die Weimarer Republik.

Wolfgang Michalka, Dr. phil., Historiker, Honorarprofessor an der Universität Karlsruhe, Leiter der Erinnerungsstätte für die Freiheitsbewegungen in der deutschen Geschichte, Rastatt, im Bundesarchiv.

Michael P. Hensle

Ein Justizskandal der Nachkriegsgeschichte: Die Strafverfahren gegen die Erzberger-Mörder

Mai 1945. Beim Vormarsch der Alliierten gerieten auch die Erzberger-Attentäter Heinrich Tillessen und Heinrich Schulz in alliierte Hände. Tillessen und Schulz hatten 24 Jahre zuvor, am 26. August 1921, den Zentrumsabgeordneten und ehemaligen Reichsfinanzminister Matthias Erzberger beim Kurort Bad Griesbach während eines Spaziergangs mit mehreren Schüssen ermordet. Hinter diesem sorgfältig geplanten Attentat stand die rechtsradikale Gruppe »Organisation Consul« um den Chef der »Brigade Erhardt«, die sich bereits 1920 an dem gescheiterten Kapp-Putsch gegen die junge Weimarer Republik beteiligt hatte.

Unmittelbar nach der Mordtat vom August 1921 war es den beiden Attentäter gelungen, mithilfe rechtsradikaler Kreise ins Ausland zu fliehen und unterzutauchen. Die »Machtergreifung« Hitlers vom 30. Januar 1933 erlaubte es den Tätern nach Deutschland zurückzukehren. Die Nationalsozialisten feierten die Mörder. Tillessen wurde ehrenhalber zum SA-Sturmbannführer ernannt, Schulz brachte es gar zum SS-Obersturmbannführer. Während Tillessen direkt nach Kriegsende von der amerikanischen Militärregierung den deutschen Strafverfolgungsbehörden zur Ab-

urteilung überstellt wurde, verblieb der Mittäter Schulz aufgrund seiner SS-Zugehörigkeit bis 1948 in einem alliierten Internierungslager.

Am 26. August 1946, auf den Tag genau 25 Jahre nach dem Verbrechen, erhob die zuständige Staatsanwaltschaft Offenburg Anklage gegen den Attentäter Tillessen. Damit nahm einer der ersten Justizskandale der Nachkriegszeit ihren Lauf. Denn wenig später lehnte die Strafkammer des Landgerichts Offenburg die Eröffnung des Verfahrens ab, »weil der Strafverfolgung« – so die Begründung – »die Amnestie vom 21.3.1933 entgegenstehe«. Tatsächlich existierte eine Notverordnung des Reichspräsidenten von Hindenburg, unterzeichnet auch von Adolf Hitler, nach der »für Straftaten, die

burger Rechtsprofessor Karl Siegfried Bader erhob umgehend Beschwerde vor dem Oberlandesgericht Freiburg gegen den Ablehnungsbeschluss der Offenburger Strafkammer. Der Strafsenat des Oberlandesgericht gab der Beschwerde statt und wies die Offenburger Strafkammer an, das Verfahren zu eröffnen. Zugleich betonte das Oberlandesgericht unverständlicherweise, die Fortsetzung des Verfahrens sei »nur zulässig, wenn die Amnestierung für den vorliegenden Fall unwirksam geworden ist«. Damit hatte das Oberlandesgericht – ungewollt – der Offenburger Strafkammer juristisch sozusagen eine Steilvorlage geliefert. Und es kam, wie es kommen musste. In der neu angeordneten, eigens nach Freiburg verlegten Verhandlung stellte am 26. November 1946 die Strafkammer Offenburg das Verfahren gegen Tillessen aufgrund der NS-Amnestie vom 21. März 1933 zu Lasten der Staatskasse ein. Der Skandal war da.

Nun traten die Franzosen auf den Plan. Das Urteil wurde aufgehoben – und wie es weiter hieß – »der Vorsitzende des Gerichts als Hauptverantwortlicher für dieses Urteil aus seinem Amt entfernt«. Wer war nun dieser Gerichtsvorsitzende? Es handelte sich um den Landgerichtsdirektor Dr. Rudolf Göring – kein Nazi, obwohl er zeitweise am NS-Sondergericht Freiburg gewirkt hatte, was er Presseberichten zufolge verschwiegen haben soll. Unter den badischen Richtern galt der aus Thüringen stammende Richter als Sonderling, und er war nach 1945 wohl auch im Amt gelassen worden

im Kampfe für die nationale Erhebung des Deutschen Volkes, zu ihrer Vorbereitung oder im Kampfe für die deutsche Scholle« begangen wurden, Straffreiheit gewährt werde. Mit dieser Verordnung sollten die Straftaten der Nazis im Kampf für die »Machtergreifung« von 1933 amnestiert werden.

Rein formaljuristisch gesehen konnte die Verordnung über das Jahr 1945 hinaus als rechtsgültig betrachtet werden. Und es hatte angesichts des anstehenden Prozesses nicht an warnenden Stimmen gefehlt, die französische Besatzungsbehörde solle die Amnestieverordnung ganz formell außer Kraft setzen, wie es bereits in der amerikanisch besetzten Zone Nordbaden-Württemberg geschehen war.

Die Staatsanwaltschaft in Person des Generalstaatsanwalts und Frei-

mangels geeigneter unbelasteter Richter. Die Entlassung des Offenburger Strafkammervorsitzenden hatte noch weitere Konsequenzen: Aus Protest gegen die Behandlung des Offenburger Richters trat der Freiburger Oberlandesgerichtspräsident Paul Zürcher zurück, ein anerkannter anti-nazistischer Jurist, den die Französische Militärregierung zum Chef der badischen Justizverwaltung berufen hatte. Ein Urteil durch eine höhere Instanz zu kassieren, ist eine Sache; einen unbotmäßigen Richter einfach abzusetzen, ist eine andere. Ein Kommentar des Rastatter »Süd-West-Echo« besagte aber auch: »Eineinhalb Jahre nach dem beispiellosen Zusammenbruch eines Systems der Willkür, des gnadenlosen und fortgesetzten Rechtsbruchs ... hätte ein deutsches Gericht der Welt beweisen sollen, daß wir nicht nur willens, sondern auch fähig sind, eine neue und gültige Rechtsordnung ohne fremde Hilfe zu begründen.«

Angesichts des Rücktritts des Oberlandesgerichtspräsidenten Zürcher und offener wie auch anonymer Beschwerden über die »Einmischung der Franzosen« war die französische Militärregierung klug genug, die skandalöse Einstellungsentscheidung der Offenburger Strafkammer nicht einfach auf dem Verwaltungsweg zu kassieren, was ihr nach dem Besatzungsstatus durchaus möglich gewesen wäre. Am 6. Januar 1947 trat in Rastatt das höchste Gericht der französischen Besatzungszone, das Tribunal Général, zusammen und hob in voller Kammerbesetzung das Offenburger Urteil auf. Zugleich wurde das Verfahren zur Neuverhandlung an das Landgericht Konstanz verwiesen.

Die Strafkammer des Landgerichts Konstanz verurteilte am

28. Februar 1947 Heinrich Tillessen wegen Mordes an dem Zentrumsabgeordneten und ehemaligen Reichsfinanzminister Erzberger zu einer Gesamtstrafe von 15 Jahren Zuchthaus. Und am 19. Juli 1950 wurde schließlich auch die Mittäterschaft von Heinrich Schulz, der inzwischen den bundesdeutschen Justizbehörden überstellt worden war, vom Schwurgericht beim Landgericht Offenburg mit einer 12-jährigen Zuchthausstrafe geahndet. Doch lange währte die Sühne nicht. Bereits Ende 1952 wurden die Erzberger-Attentäter aufgrund eines Gnadenerlasses des baden-württembergischen Justizministeriums auf freien Fuß gesetzt, beide hatten sie kaum mehr als ein Drittel ihrer Strafe verbüßt.

Michael P. Hensle, Dr. phil., Historiker und Wissenschaftlicher Dokumentar in Berlin

Peter Steinbach

Matthias Erzberger – einer der ersten deutschen Blutzeugen gegen den Rechtsextremismus

Der bedeutende Tübinger Politikwissenschaftler und Zeithistoriker Theodor Eschenburg hat 1971 den deutschen Parlamentarier, Zentrumsführer und Reichsfinanzminister Matthias Erzberger als einen »der wenigen Märtyrergestalten in der deutschen Geschichte vor der Hitlerdiktatur« bezeichnet. Dieses klare Bekenntnis im 50. Jahr nach Erzbergers Ermordung galt einem Politiker, der es

den Deutschen stets schwer gemacht hat. Dies lag nicht an seiner politischen Grundorientierung, denn das Zentrum hatte es als Vertretung des politischen Katholizismus im Parlament und in der Öffentlichkeit, auch bei der Regierung zu Ansehen gebracht und war zu einem tragenden Element in der Wandlung des deutschen Konstitutionalismus zum Parlamentarismus geworden.

Erzbergers Kritiker nahmen zunächst vielmehr vor allem Anstoß daran, dass er, 1875 geboren, zu einem der ersten deutschen Berufspolitiker geworden war, d. h. er musste seine politisch erworbenen Kenntnisse verwerten, um seinen Lebensunterhalt zu bestreiten. Erzberger vermengte so Publizistik und Politik, er suchte politische Konflikte, um seine Stellung innerhalb des Reichstags und seiner Fraktion zu festigen, und zog nicht zuletzt aus erfolgreich überstandenen Konflikten Vorteile. Er wurde dem linken Flügel des Zentrums zugerechnet und blieb immer bestrebt, deren linke Gruppierung stark zu machen. Gerade deshalb gewann er das Vertrauen der Fraktionen, die später die Weimarer Republik trugen und gestalteten, vor 1918 aber auch das wilhelminische System verändert hatten. Erzberger fand früh Parlamentarier in den anderen Fraktio-

DAS DEUTSCHE KAISERREICH

IST-DIE SEHNSUCHT UNSRER ZUKUNFT

(HELFFERICH)
IM REICHSTAG 22.VI

*Wenn einst der Kaiser kommen wird
Schlagen wir zum Krüppel den Wirth
Knallen die Gewehre – tack, tack, tack
Hü!s schwarze und au!s rote Pack!*
(Aus einem Nationalgesang der Reaktionäre)

ARBEITER! BESTEHT DARAUF,
DASS DIESE GESELLSCHAFT
UNSCHÄDLICH GEMACHT WIRD!!

nen, die seinen politischen Instinkt schätzten und im Zuge der Novemberrevolution von 1918 und der Verfassungswahlbewegung von 1919 die Weimarer Republik als Verfassungsordnung begründeten.

Erzberger wurde nicht nur bekannt, sondern bewundert als »Anwalt der kleinen Leute«. Zugleich war er früh bei der Rechten verhasst als jemand, der sich nicht zum politischen Kumpanen der Mächtigen machte. Nach dem Ausbruch des Ersten Weltkriegs wurde Erzberger zunächst zum fast blinden, ja blindwütigen Annexionisten, um rasch Positionen zu überwinden, die er ursprünglich mit den Nationalisten geteilt hatte. Er warnte entschieden vor dem unbeschränkten U-Boot-Krieg, weil er den Kriegseintritt der USA fürchtete. Das Eingreifen amerikanischer Truppen würde, das wusste Erzberger, Deutschlands Abschied von jeglichem Siegfrieden, eigentlich die sichere Niederlage bedeuten. Weil er diese kommen sah, wandte er sich gegen jene, die ihn unterstützt hatten, aber seiner Wendung in der Kriegszielfrage nicht folgen konnten. Dies machte ihn bei der Rechten verhasst.

Seit 1916 drängte Erzberger auf die Parlamentarisierung des Reiches. Er beeinflusste die Zusammensetzung der Reichsregierung, ließ sich nicht durch Konventionen beeindrucken und gewann dadurch Respekt bei seinen früheren Kontrahenten im Linksliberalismus und der Sozialdemokratie. Er schmiedete die Weimarer Koalition lange, bevor sie 1919 geschlossen wurde. Und weil er erkannt hatte, dass der Erste Weltkrieg für die Deutschen verloren war, drängte er auf Waffenstillstand, schließlich auf den Friedensschluss. Er leitete die Delegation der Deutschen, die den Versailler Vertrag zu unterzeichnen hatte. Dadurch wurde er zur negativen Symbolfigur der deutschen Rechten. Dass er die deutsche Seite angeführt hatte, die den Friedensvertrag schließlich unterzeichnen musste, bedeutete wohl sein Todesurteil. Nicht einmal Sozialdemokraten standen ihm in der Einsamkeit einer größtmöglichen politischen Verantwortung bei und sprachen dumpf von der »Hand, die verdorren müsse«, nachdem sie den Vertrag von Versailles unterzeichnet hätte. Hasswütiger Wortführer der Anti-Erzberger-Fronde war Karl Helfferich, ein Antipode Erzbergers, verantwortlich für die Kriegsfinanzierung, deren Folgen in der deutschen Hyperinflation dann manche Rentiers als Inhaber der als sicher geltenden Staatspapiere arm gemacht hatten. Erzberger hatte dies vorausgesehen und Helfferich als einen der verantwortungslosesten deutschen Finanzpolitiker bezeichnet. Dieser ruhte nicht, bis er Erzberger moralisch und politisch vernichtet hatte. Wenn man den südwestdeutschen Zentrumspolitiker Erzberger als einen Märtyrer der deutschen Demokratie bezeichnen kann, dann Helfferich als einen ihrer begeisterten und ersten Totengräber.

Erzberger macht es den Deutschen als politisches Vorbild gewiss schwer. Deshalb weigerten sie sich lange, ihn als historische und politische Gestalt der deutschen Demokratie anzuerkennen, gar zu verehren. Selbst Theodor Heuss weigerte sich in den fünfziger Jahren, Erzberger in seine Sammlung großer Deutscher aufzunehmen. Denn Erzberger verlangte von den Nachle-

benden, Partei zu ergreifen für die politische Vernunft, für das Gebotene, für das Unausweichliche. Er war ein wirklicher Realpolitiker, nicht im Sinne des 19. Jahrhunderts, als man mit diesem Begriff das Recht des Maßstablosen und Wendigen kaschierte, sich jeder Situation anzupassen, also angesichts der Realität die politisch-moralischen Maßstäbe zu verbiegen und Überzeugungen abzusagen. Aus diesem Holz war Erzberger nicht, denn er blieb seinem Anspruch treu, die Wirklichkeit zu erfassen ohne lähmende Rücksicht auf hehre Maßstäbe, die er weder verriet noch verächtlich machte, auch wenn er sich von ihnen abzuwenden schien. Deshalb war er niemals ein »Verräter«, sondern ein Politiker, der insofern berechenbar blieb, weil er sich stets auf eine unvorhersehbare, sich rasch wandelnde Wirklichkeit einstellte und litt, wenn er spürte, dass andere sie nicht erkennen wollten, weil sie Rücksicht auf Stimmungen nahmen. Diese Neigung zur billigen Anpassung war ihm völlig fremd.

Insofern ist er vorbildlich, denn rechtzeitig zu erkennen, was gefordert ist, ist ein Gebot des »Tatsachenpolitikers«, Konsequenzen daraus zu ziehen, noch schwerer – in einer Demokratie Menschen die Tatsachen vor Augen zu führen und zur Änderung des Wollens und Handelns zu veranlassen, geradezu übermenschlich schwierig. Insofern verkörperte Erzberger einen neuen Politikertyp: Nicht nur Interessen wollte er artikulieren und in Sympathie verwandeln, die seine Wiederwahl ermöglichten, sondern er wollte seinen Wählern, der Öffentlichkeit, die Wahrheit zumuten, weil er auf Einsicht und politische Vernunft setzte. Selbst Tucholsky, der die Weimarer Eliten anzugreifen wusste, erkannte dies an: »Das kann der Deutsche nicht vertragen: dass selbst durch die Ehrung dieses frühen Demokraten aus dem deutschen Südwesten auszuzeichnen.

Parteipolitische Rechenschieberei zwischen den Vertretern der heutigen Parteien wäre dabei völlig fehl am Platz, denn Erzberger brachte Auseinanderstrebende zusammen, half, dass sie gemeinsame Ziele bündelten. Es ist deshalb unerheblich, dass Erzberger früher ein Mann des politischen Katholizismus war. In das Zentrum wurde man als Katho-

einer ihm die Wahrheit sagt ...« Gefühlspolitik machte Erzberger nicht, ohne dass er deshalb zum Machtzyniker und Taktiker wurde. Er ging seinen Weg ...

Erzberger ist heute bei vielen vergessen, selbst in der Partei, die sich in die Tradition des Zentrums stellen will. Es gibt keine Edition seiner Schriften – wie bei Rathenau, keine politische Akademie, die seinen Namen trägt, keine Erzberger-Stiftung für angehende Journalisten. In Berlin ist bis heute nicht einmal eine Straße nach Erzberger benannt, obwohl die Straßenumbenennungen nach 1990 wahrlich Gelegenheit gegeben hätten, ihn als deutschen Demokraten zu ehren. Seine Würdigung hätte denen, die eine Straße, eine Schule, ein Gebäude oder einen Platz nach ihm benannt hätten, zugleich die Möglichkeit eröffnet, sich lik hineingeboren. Sondern entscheidend sind Haltung und Charakter. Da war Erzberger vorbildlich, auch darin, dass er seine persönliche Diffamierung ebenso ertrug wie die des politischen Systems, das er wollte, weil das alte, an dem die Reaktionäre seiner Zeit verlogen und sich selbst betrügend hingen, total versagt hatte.

Als »Novemberverbrecher« und »Verzichtpolitiker« bezeichnet zu werden, das traf ihn zwar, beeindruckte ihn aber nicht. Er machte sich als Reichsfinanzminister an die größte Reform, die es in der deutscher Besteuerungsgeschichte zu verzeichnen gibt. Er belastete den Besitz – progressiv, nach der Leistungsfähigkeit der Steuerzahler. So wollte er dem Desaster vorbeugen, das er als Kriegsfolge kommen sah. Die Entschuldung des Reiches durch eine Inflation wollte er verhindern. Seine Ermordung zerstörte auch diese Pläne. Aber die Grundzüge seiner Finanzreform ermöglichten den deutschen Sozialstaat, denn das Reich wurde dadurch erstmals finanziell auf eine solide Grundlage gestellt. Schon deshalb sollte Erzberger unvergessen sein. Bis heute bewundern ihn deshalb Finanzpolitiker, gefangen in den Zwängen einer Konsensdemokratie, deren Strukturen verwässert werden, bewundern ihn gerade wegen seines achtsamen Erfolgs, eine Jahrhundertreform innerhalb von Monaten durchgesetzt zu haben.

Erzberger stolperte, weil man ihm vorwarf, Politik und persönliche Interessen vermengt zu haben. Man verstrickte ihn in Prozesse, machte ihn verächtlich, versetzte ihm Schläge in der öffentlichen Arena, die publizistischer Massenmarkt hieß. Man bezeichnete ihn als Juden und diffamierte ihn so auf eine Art, die nicht dementierbar war, jedenfalls nicht für einen Menschen, der Anstand hatte. Sollte er erklären, kein Jude zu sein? So ging er seinen Weg bis an das Ende, obwohl er vor anderen wusste, das die Kugel längst gegossen war, die ihn schließlich auf einem Spaziergang treffen sollte.

Nach 1933 setzten die Nationalsozialisten das Werk der Fememörder fort und wirkten bis weit in die zweite deutsche Nachkriegszeit hinein. Ich selbst bin überzeugt, hätte Erzberger das Jahr 1933 erlebt, die Nationalsozialisten hätten ihn gemordet wie Fechenbach und gequält wie Ossietzky, denn er verkörperte das Gegenbild des Nationalsozialismus. Aus seinem Holz waren Regimegegner geschnitzt. Tucholsky hatte dies in seinem »Nachruf« ausgedrückt:»Gehasst, weil du Konkurs-

Mr. Erzbergère

verwalter/ der Pleitefirma Deutsches Reich ...« und dann:»Gehasst, weil du Zivilcourage/ den Herren vom Monokel zeigst ...«

Aber man kann auch darüber nachdenken, wie er sich nach 1933 verhalten hätte. Bereits während des Kriegs hatte er versucht, die ihm übertragene Aufgabe, Nachrichten aus dem Ausland zu sammeln und die öffentliche Meinung des Auslandes zu beeinflussen, zu erfüllen. Er nutzte seine Funktion für die politische Arbeit, sondierte Friedensmöglichkeiten, versuchte, die italienische Regierung zu beeinflussen, beschaffte sich selbst Informationen und unterlief so ein Meinungsmonopol, das aus der Militärzensur erwachsen war. Dass er die konspirative Arbeit beherrschte, hatte er während des Krieges bewiesen, als er in Bern, Rom und Stockholm nach Friedensmöglichkeiten suchte, an denselben Orten, an denen ein Vierteljahrhundert später Gegner des NS-Staates Kontakte zu Alliierten knüpfen wollten. Und viele seiner Methoden wurden auch danach von Regimegegnern angewandt – an denselben Orten. Ich bin insofern sicher, Erzberger hätte die NS-Zeit nicht überlebt. Aber wenn er nicht zu Beginn ermordet worden wäre, hätte er im Widerstand eine ungemein wichtige Rolle gespielt. Die, die sich politisch zu ihm bekannt hatten, kamen aus der Katholischen Arbeiterbewegung KAB, aus dem Kölner-Ketteler-Haus, aus dem Wirmer-Kreis. Erzberger hätte dazugehört. Und, auch da bin ich sicher, er wäre, hätte er das Jahr 1933 und 1934 überlebt, an der Seite dieser Regimegegner ermordet worden.

Erzberger ist bis heute eine Herausforderung für alle, die über deutsche Zeitgeschichte im Jahrhundert der Diktaturen nachdenken. Er ist eines der ersten Opfer der politischen Rechten. Sein Denken ist bis heute anregend. Er hat sich für ein starkes Parlament, für die Verantwortung der Regierung gegenüber den Volksvertretern eingesetzt. Er hat als einer der ersten Deutschen über den »Völkerbund« nachgedacht und dafür geworben, als andere noch von Deutschlands Vormachtstellung in Europa träumten. Erzbergers Konzept des »christlichen Solidarismus« bleibt weiterhin aktuell. Er trat für betriebliche Mitbestimmung und politische Selbstverwaltung, für direkte Besteuerung der Bürger nach Leistungsfähigkeit und

für die Verantwortung des Staates für Daseinsvorsorge und Leistungsverwaltung ein. Er bleibt bis heute in seiner politischen Frische und Ausstrahlungskraft faszinierend.

Gewiss setzt das Land Baden-Württemberg mit der Einrichtung einer Erzberger-Gedenkstätte in seinem Geburtshaus in Buttenhausen das richtige Zeichen. Und ebenso wichtig wäre es, bald die wichtigsten Schriften von Erzberger – über den Völkerbund, über Besteuerungsprinzipien zu Lasten der Besitzenden, über Mitbestimmung und Selbstverwaltung – zu veröffentlichen. So gesehen, stehen wir an einem Anfang. An uns liegt es, ob die Rechnung von Erzbergers Gegnern aufgeht, ihn in das Vergessen abzudrängen. »Du warst der Erste nicht – bist nicht der Letzte«, schrieb Tucholsky, ehe sein Nachruf mit dem Ausruf endete: »Prost Helfferich! – der kommt nicht mehr.«

Sollte sich diese Erwartung wirklich erfüllen? Deshalb sei noch einmal gefragt: Wann wird es in Berlin die erste Matthias-Erzberger-Straße geben?

Peter Steinbach, Dr. phil., Historiker, Professor an der Universität Karlsruhe und Wissenschaftlicher Leiter der Gedenkstätte Deutscher Widerstand, Berlin

Roland Obenland

Spurensuche

Erkennt man das politische Denken Erzbergers auch noch in der Geschichte der frühen Bundesrepublik?

I. »Gott ist der Herr der Geschichte und Völker, Christus die Kraft und das Gesetz unseres Lebens«;

»(Wir) bekennen uns zum demokratischen Staat, der christlich, deutsch und sozial ist«;

»Die Würde des Menschen wird anerkannt. Der Mensch wird gewertet als selbstverantwortliche Person, nicht als bloßer Teil der Gemeinschaft ... «;

»Ziel unseres politischen Willens ist der soziale Volksstaat als Bürge eines beständigen inneren und äußeren Friedens«;

»Grundlage der Wirtschaftstätigkeit ist die soziale Gleichberechtigung aller Schaffenden ... «;

»Die Eigentumsverhältnisse werden nach dem Grundsatz der sozialen Gerechtigkeit und den Erfordernissen des Gemeinwohls geordnet«.

(*L. Schwering,* Vorgeschichte und Entstehung der CDU, Köln 1952, S. 63; abgedr. in: Telekolleg II: Geschichte, Bd. 2, Lektion 20, München 1981, S. 116)

II. Mit solchen und ähnlichen Sätzen stellte sich 1945 eine Partei vor, die sich nach der deutschen Katastrophe als christlich-gewerkschaftlich ausgerichtete, für alle sozialen Gruppen offene Volkspartei verstand.

Programmatische Aussagen dieser Art waren nach dem Krieg in Berlin, insbesondere jedoch im Rheinland und in Westfalen als Teil des »christlichen Sozialismus« vertraut und beachtet. Sie wurden z.B. weitgehend ins bekannte »Ahlener Programm« der CDU von 1947 übernommen.

Stark erinnern die eingangs angeführten Sätze, die den Charakter von bekenntnishaften Aufbruchs-Losungen haben, an jene sozialpolitischen Kernaussagen, die Erzberger in seinen wichtigen Schriften kurz nach dem Ersten Weltkrieg (»Christlicher Solidarismus als Weltprinzip« und »Der Solidarismus. Europas Rettung und Zukunft«, beides erschienen in Möchen-Gladbach 1921) wohl erstmals in dieser Entschiedenheit und programmatischen Deutlichkeit zu Papier gebracht und zuvor auf unzähligen politischen Veranstaltungen propagiert hatte.

III. Wie kommen diese Ideen fast wörtlich in die christlich orientierten »Kölner Leitsätze« der CDU für Rheinland und Westfalen von 1945?

Man geht wohl nicht fehl in der Annahme, daß hier auch politische »Ziehsöhne« von Matthias Erzberger die Feder geführt haben. Zu denken ist dabei vor allem an Karl Arnold, ab 1946 Oberbürgermeister von Düsseldorf und einflußreicher erster Ministerpräsident Nordrhein-Westfalens von 1947 bis 1956. Er beteiligte sich (u.a. auch noch geprägt von vorübergehender Verhaftung nach dem 20. Juli 1944) als christlicher Gewerkschafter an vorderster Front an der Gründung der CDU im Rheinland. Ihm als einem »Herz-Jesu-Marxisten« und als »christlichem Sozialisten« war es damals ein zentrales Anliegen, daß sich die neu gegründete CDU der sozialen Frage und den Belangen der »kleinen Leute« öffnete und das Gesicht einer Volkspartei neuer Qualität bekam, ganz wie auch Erzberger die Zentrumspartei nach der Katastrophe des Ersten Weltkrieges programmatisch ausrichten wollte.

Was verbindet Karl Borromäus Arnold mit Matthias Erzberger? Wohl viel und vieles.

Arnold, in Herrlishöfen in der Gemeinde Warthausen bei Biberach (Württemberg) 1901 geboren, wurde wie Erzberger auf dem zweiten Bildungsweg Akademiker.

Gefördert wurde der aufgeweckte Jugendliche durch die persönliche Vermittlung seines Landsmanns Erzberger, der in dieser Zeit bekanntlich Reichstagsabgeordneter des Wahlkreises Biberach-Waldsee-Leutkirch-Wangen war.

Dem von Erzberger protegierten Kleinbauernsohn, der Herkunft nach ein Alter-Ego seines berühmten Zieh-

vaters, der zunächst Schuhmachergeselle war, gewährte man ein Studium an der Sozialen Hochschule in München, einer Ausbildungsstätte katholischer Gewerkschaftssekretäre.

Als christlicher Gewerkschafter ließ sich Arnold später in Düsseldorf nieder, wo er bis 1933 als Zentrumsmitglied der Stadtverordnetenversammlung angehörte. (Vgl. dazu: »Karl Arnold, Erster gewählter Ministerpräsident von Nordrhein-Westfalen«, in: Landtagsspiegel Baden-Württemberg 2000/2001, S. 59)

Nach 1945 spielte Arnold innerhalb der rheinischen CDU (durchaus in Konkurrenz zu Konrad Adenauer) eine bedeutende Rolle. Wenn nicht alles täuscht, dürften Formeln und Formulierungen wie die eingangs angeführten über ihn und ihm nahestehende Politiker in die CDU und 1949 in Ansätzen ins neu geschaffene Grundgesetz – man denke nur an den Begriff von der »Würde des Menschen« – Eingang gefunden haben. Und einen Terminus wie »soziale Gerechtigkeit« hat er auch schon gekannt.

IV. Erzberger kann, so gesehen, in seiner Fern-Wirkung auf die Zeit nach 1945 ohne Übertreibung auch als einer der geistigen Väter des Grundgesetzes, vor allem aber der CDU und der CSU bezeichnet werden.

Er ist uns offenbar trotz seiner brutalen »Liquidierung« 1921 weitaus näher, als wir glauben. Reizvoll wäre es, man würde diese Traditionslinie von Erzberger in die frühe Bundesrepublik und die Unionsparteien auf dem Felde sozialer Grundüberzeugungen einmal genauer untersuchen.

Roland Obenland, Studiendirektor am Ludwig-Wilhelm-Gymnasium, Rastatt

Stimmen über Matthias Erzberger

Karl Helfferich
(1919)

»Das ist Herr Erzberger, der nicht doppelt und dreifach, sondern zehn- und zwanzigfach von allen Seiten der bewußten Unwahrheit geziehen wird; der sich eine unsaubere Vermischung politischer Tätigkeit und eigener Geldinteressen zum Vorwurf machen lassen muß, der auf alle diese Anschuldigungen trotz schärfster Herausforderung nicht klagt, sondern kneift und nach Art des bedrohten Tintenfisches das Wasser trübt, um zu entwischen ... Das ist Herr Erzberger, der uns nach Versailles geführt hat, der während der Friedensverhandlungen den Feinden seine Bereitwilligkeit zu erkennen gab, den Schand- und Knechtschaftsfrieden bedingungslos zu unterzeichnen, der damit die Auslieferung des Kaisers und anderer deutscher Männer auf dem Gewissen hat, der aber in Erkenntnis seines Werkes sich vor der Unterzeichnung seines Friedens zu drücken wußte! Das ist Herr Erzberger, dessen Name trotzdem für alle Zeit mit Deutschlands Not und Deutschlands Schmach unlösbar verbunden sein wird! Das ist Herr Erzberger, der das deutsche Volk mit dem geringen moralischen, politi- schen und wirtschaftlichen Kapital, das es aus dem Zusammenbruch noch gerettet hat, zur gänzlichen Vernichtung führen wird, wenn ihm nicht endlich das Handwerk gelegt wird! Deshalb gibt es für das deutsche Volk nur eine Rettung. Überall im Lande muß mit unwiderstehlicher Gewalt der Ruf ertönen: Fort mit Erzberger!«
(Fort mit Erzberger!, Berlin 1919, S. 82 f.)

Harry Graf Kessler
(25. Juli 1919)

»Ich stand unmittelbar hinter ihm an der Rednertribüne, sah seine schlecht gemachten, platten Stiefel, seine drolligen Hosen, die über Korkenzieherfalten in einem Vollmondhintern münden, seine breiten, untersetzten Bauernschultern, den ganze fetten, schwitzenden, unsympathischen kleinstbürgerlichen Kerl in der nächsten Nähe vor mir: jede ungelenke Bewegung des klobigen Körpers, jeden Farbenwechsel in den dicken, prallen Wangen, jeden Schweißtropfen auf der fettigen Stirn. Aber allmählich wuchs aus dieser drolligen, schlecht sprechenden, ungeschickten Gestalt die

furchtbarste Anklage empor, die schlecht gemachten, schlecht gesprochenen Sätze brachten Tatsache auf Tatsache, schlossen sich zu Reihen und Bataillonen zusammen, fielen wie Kolbenschläge auf die Rechte, die ganz blaß und in sich zusammengeduckt und immer kleiner und isolierter in ihrer Ecke saß ... Dann ging es wie ein Gemurmel und dann wie ein Meerestosen durch das Haus. Die ganze Linke, drei Viertel des Hauses, war auf den Beinen und gegen die kleine, vor Wut bebende und blasse Rechte gewendet. Man schrie: ›Mörder, Mörder!‹ Es sah aus, als ob sich der ganze Block der Linken zusammengeballte auf die Rechte stürzen und sie auf ihren Sitzen erwürgen würde. Blut lag in der Luft.«
(Tagebücher 1918–1937, hrsg. von
W. Pfeiffer-Belli, Fischer-TB,
Frankfurt a. M. 1982, S. 196)

Gustav W. Heinemann
(29. August 1921)

»Die vor wenigen Tagen erfolgte Ermordung Erzbergers löst ungeahnte Weiterungen aus. Die Mörder und geistigen Hintermänner mögen sich schon heute darüber klar sein, daß die Tat nicht nur ein abscheuliches Verbrechen, sondern eine ebenso große Dummheit war. – Das entschlossene und geschlossene Eintreten der Sozialisten für diesen bürgerlichen Politiker ist bei alledem das Erhebende.«
(Wir müssen Demokraten sein.
Tagebucheintrag aus Studienjahren
1919–1922, hrsg. von Brigitte und
Helmut Gollwitzer. Mit einer Einführung
von Eberhard Jäckel, München 1980,
S. 140)

Stefan Grossmann
(3. September 1921)

I. Mathias, der Fröhliche, war kein Welterlöser. Wollte nicht, wie die Landauer und Liebknecht, ins Morgenrot einer neuen Epoche treten, hatte keinen Willen zum Märtyrertum und mochte noch nicht sterben, auch nicht in Schönheit! Sein Leben war kein gotischer Bau, es war einem farbenfrohen, weiträumigen Bauernhof zu vergleichen, nicht hoch, aber behaglich und warm. Der Plan des Erzbergerschen Hauses war von schöner Einfachheit: Er glaubte an Gott, er war ein Volkskind, er vergaß nicht zu rechnen. Sein schlimmstes Laster war eine an allen Ecken einsetzende Arbeitslust. Es war gewohnt, von Herrgottsfrühe bis in die späte Nacht zu konferieren, zu studieren, zu beraten, zu reden, zu schreiben. Der übergroße Mann, breitschulterig, bauchig, glaubte an sich. Der ehemalige Volksschullehrer wußte, daß er der kommende, unbedingt republikanische Kanzler sein werde. Das Leben schmeckte ihm, das sah man ihm an, er hatte Lust zu seinen Tätigkeiten, Lust an der Politik, Lust an der Macht, Lust an der Förderung seiner Freunde, Lust an Wein und Braten und eine gut katholische Lust an Gott. Er wurzelte, wo er stand. Als etliche allernächste Freunde im Zentrum ihn gern politisch eingesargt hätten, da stellten ihn seine (wahrhaft) christlichen Freunde in Württemberg an die Spitze ihrer Kandidatenliste und die Freunde aus Baden ließen ihm sagen, daß es sie freuen würde, wenn er auch an ihrer Spitze stehen wolle. Wurde er müde (oder vielmehr, wenn die Anderen ihm einreden wollten, daß er müde sei),dann ging er in den Schwarzwald. Auf einem Spaziergang zum Dorf der Mutter hat ihn der alldeutsche Idiot erschossen. Sein Leben war auf den einfachen und ewigen Wahrheiten aufgebaut: Mutter, Heimat, Christenheit, Demokratie, Vernunft, Rechenkunst.

II. Er war einer der wenigen Politiker in Deutschland, die in sich die Kraft zu Wandlung und Werdung hatten. Schon deshalb mußte er verhaßt sein.

III. Eine Arbeit brannte Erzberger auf den Fingern. Er wollte die Geschichte des Sommers 1917 schreiben! Er wurde rot im Gesicht, wenn er davon sprach, was Michaelis und Kühlmann, von Ludendorff dirigiert, damals verbrochen haben. »Wir waren 1918 zu gutmütig« gestand er oft. ...

IV. Erzberger lernte die Deutschen kennen. Dreimal wurde ihm nach dem Leben getrachtet. Der dürre Zahlenmensch, Herr Helfferich, verhalf ihm dazu, ins innere deutscher Beamter, deutscher Richter zu schauen. Ihm zuleide sind Akten aus Amtsstuben gestohlen worden. Er hat die Objektivität hohenzollerscher Richter zu fühlen gespürt. Dem Verbrecher, der während des Helfferichprozesses auf ihn schoß, haben freundlich gesinnte Richter »ideale Motive« zugebilligt. Auch die Wonnen intimer Parteifeindschaft hat er ausgekostet. Und oft hat er über die Fassadenpolitik der Sozialdemokraten geseufzt, die gleichzeitig regieren und opponieren wollen. Robust, fröhlich, instinktiv, wie er war, hat ihn der politische Jammer der Deutschen nicht betrübt, sondern aufgestachelt. Er wußte, daß politischer Demokratismus allein nicht mehr genüge, deshalb arbeitete er an der Vorbereitung des »christlichen Solidarismus«, der, ohne die Privatwirt-

schaft zu töten, das Privateigentum als Lehen begrenzen wollte. Sein beweglicher Geist, allem Doktrinarismus entgegengesetzt, kaute gerade an den Problemen der Planwirtschaft und Steuersyndikat. Er wäre, aus seinen badischen Wäldern, als ein Erneuerter wiedergekommen. Dem Geschwätz der Demagogen, besonders der nationalen Maulaufreißer, kehrte er seinen breiten Buckel zu. Ihm ist bis zuletzt ein herzhaftes Lachen verblieben. Er konnte lachen wie ein dreizehnjähriger Junge. Allein um dieses Lachens Willen mußten ihn die dürren Intriganten vom Schlage Helfferich hassen. Ich zeigte ihm einmal die Goethe-Verse: »Denen dein Wesen, wie du bist, im Innern ein ewiger Vorwurf ist.«

(Erzberger, in: Das Tage-Buch/Heft 35 Jahrg. 2/Berlin, 3. September 1921, 1041–1048)

Gustav Stresemann (4. September 1921)

»... Mit dem hingemordeten Abgeordneten Erzberger ist eine der umstrittensten Persönlichkeiten der deutschen Politik von der Bildfläche des politischen Lebens verschwunden. Seit dem Abschluß des Waffenstillstandes im Walde von Compiègne galt Erzberger für Deutschland als die Versinnbildlichung derjenigen politischen Kräfte, die Deutschland in den Abgrund geführt hätten. Man begann seinerzeit in ihm auch den hervorragendsten Vertreter der neuen republikanisch-demokratischen Ideen in Deutschland zu sehen, den Feind der rechtsstehenden Parteien, den Mann, der mit seiner Person die Brücke schlug zwischen den sozialistischen und christlichen Massen der Arbeiter. »Er hat den Erdgeruch der Scholle«, so rühmte einmal ein katholischer Diplomat von Erzberger. Ob dieses Bild richtig ist, das sich die Öffentlichkeit in dieser Weise machte, muß billig bezweifelt werden.

Erzberger hatte eine ganz ungewöhnliche Arbeitskraft und wußte zudem das, was er sich vornahm, durch eine rücksichtslose Brutalität, die ihm eigen war, da zum Siege zu bringen, wo feinere Nerven versagten ... er ging als Autodidakt seinen Weg allein und wusste durch Spezialkenntnisse, die er sich erwarb, besonders auf dem Gebiete des Reichshaushalts, den er souverän beherrschte, das zu ersetzen, was ihm damals an Alter, Erfahrung und Kunst der politischen Diplomatie fehlte. Im Reichstag ging damals die Sage, daß während der ganzen Ferienzeit, in der die übrigen Abgeordneten sich von der parlamentarischen Arbeit erholten, Herr Erzberger in frühester Morgenstunde erschien, alle Drucksachen läse, alle Etats vergliche und sich so das gewaltige Rüstzeug schüfe, das ihn in den Etatdebatten der künftigen Session zum Führer machen sollte. Er führe, so hieß es, und das war wohl wahr, eine beinahe asketische Lebensweise, besuche keine Gesellschaften, arbeite sechzehn Stunden am Tage und schaffe sich diejenigen körperlichen Nerven an, die ihn geeignet erscheinen ließen, in der »Drecklinie« zu stehen, ohne sich durch den aufspritzenden Schmutz aus der Fassung bringen zu lassen ...«

(Matthias Erzberger, in:
Deutsche Stimmen,
4. September 1921; abgedruckt in:
Reden und Schriften.
Dresden 1926,
Bd. 1, 378–388)

Theodor Heuss

»... Das war die große Zeit von Matthias Erzberger, der in dem Kabinett Bauer das Finanzministerium übernommen hatte ... Erzberger nutzt die Begründung – das war nicht erstaunlich – zu einer heftigen Polemik gegen den Mann, der für die Kriegsfinanzierung das Modell geschaffen, den damaligen Staatssekretär und späteren Vizekanzler Karl Helfferich, den er den leichtfertigsten aller Finanzminister nannte. Damit rief er den streitbaren, gar streitsüchtigen Mann auf den Plan, der publizistisch seinen Folger im Amt sachlich und menschlich so scharf angriff, daß diesem nichts anderes übrigblieb, als zur gerichtlichen Klage zu schreiten ... Der Prozeß Erzberger-Helfferich wurde eine Wochen während Ouvertüre des Kapp-Putsches ... Denn der Ankläger wurde der Angeklagte. Jetzt schien der Mann entdeckt, dem Schuld um Schuld an deutschem Schicksal nachzuweisen war. Er hatte wesentlich die »Friedensresolution« vom Sommer 1917 inszeniert, er hatte die Fahrt nach Compiègne im Herbst 1918 angetreten und das Waffenstillstandsdiktat unterzeichnet; daß *er* dies tat, war sachlich und menschlich eine fehlerhafte Entscheidung. Denn diese Aufgabe wartete auf ein Mitglied der Obersten Heeresleitung, die für den Ablauf der Kriegshandlungen verantwortlich gewesen. Dies aber war nun, wenn man so will, Erzbergers »Schwäche«, eine betriebsame, bedenkenlose, auch mutige Verantwortungswilligkeit ... Erzberger begann seine Rehabilitation vorzubereiten, die ihm in fast allen Einzelheiten gelang. Aber die »Strömung«, die seit dem Spätjahr 1919 ihre na-

tionalistische Gruppenbildung form-
te, wurde zu seinem Verhängnis –
er fiel auf einem Schwarzwaldspa-
ziergang einem feigen Mord zum Opfer. Sein Geschichtsbild trat in das
Zwielicht zwischen staatsmännischer Leistung und Märtyrerschick-
sal und blieb darin ...«
(Erinnerungen 1905–1933, Tübingen
1963, S. 268–271)

Arnold Brecht:

»Warum Erzberger trotz seiner
großen Fähigkeiten und der Güte
vieler seiner Vorschläge Kollegen
und Beamten fast allgemein un-
sympathisch war, läßt sich schwer
beschreiben. Er kannte keine Zu-
rückhaltung, war immer ›vorneweg‹,
lächelnd-aufdringlich und zugleich
glatt, ein wenig vulgär, ein Hans-
Dampf-in-allen-Gassen, und hatte
zu alledem, was man als Student ein
›Ohrfeigengesicht‹ nennt, das heißt
ein Gesicht, das den Gegner reizte,
ihm eine Ohrfeige zu geben. Typen
seiner Art waren in Norddeutsch-
land fast unbekannt, aber auch in
Süddeutschland nicht gerade häufig.
Dieser äußere Eindruck tat dem Wesen des Mannes wahrscheinlich sehr
unrecht.«
(Aus nächster Nähe, Lebenserinnerungen
1884–1927, Stuttgart 1966, S. 285)

Matthias Erzberger, eine Biographie

1875
20. September: Geburt in
Buttenhausen/Schwäbische Alb
als Sohn des Schneiders,
Briefträgers und Gemeindepflegers
Joseph Erzberger und dessen Frau
Katherina geb. Flad

1891–1893
Katholisches Lehrerseminar in
Saulgau

1894–1896
Volksschullehrer

1896–1903
Redakteur und Schriftsteller in
Stuttgart

1899
Mitbegründer der christlichen
Gewerkschaften

1900
Heirat mit der Kaufmannstochter
Paula Eberhart; drei Kinder

1903–1921
Reichstagsabgeordneter des
Zentrums

1905–1906
Kritiker deutscher Kolonialpolitik:
Beginn der Feindschaft mit
Helfferich

ab 1907
Experte in Budgetfragen, Mitglied
des Haushaltsausschuß

1912
Vorstandsmitglied der
Zentrumsfraktion

1914
Forderung weitgehender
Annexionen

1917
Hinwendung zur Realpolitik:
Initiator der Friedensresolution
des Reichstags

1918
3. Oktober: Kaiserlicher
Staatssekretär im Kabinett
Prinz Max von Baden
11. November: Mitunterzeichner
des Waffenstillstands in
Compiègne als Leiter der
deutschen Delegation

1919
Februar bis Juni: Reichsminister
(für Waffenstillstandsfragen)

1919–1920
Befürwortung des Versailler
Vertrags
Juni 1919 bis März 1920:
Reichsfinanzminister
›Erzbergersche Finanz- und
Steuerreform‹
Hetzkampagne Karl Helfferichs:
»Fort mit Erzberger!«

1920
Januar bis März:
Beleidigungsprozess gegen
Helfferich; Rücktritt als Minister
Juni: Wiederwahl in den Reichstag

1921
Rehabilitierung Erzbergers
26. August: Ermordung Erzbergers

Publikationen

Erzbergers Schriften – eine Auswahl

Christliche oder sozialdemokratische Gewerkschaften?, Stuttgart 1898
Sozialdemokratie und Militär. Material zur Abwehr gegen sozialdemokratische Agitation, Stuttgart 1898
Die Säkularisierung in Württemberg von 1802–1810. Ihr Verlauf und ihre Nachwirkungen, Stuttgart 1902
Die Kolonialbilanz. Bilder aus der deutschen Kolonialpolitik auf Grund der Verhandlungen des Reichstags im Sessionsabschnitt 1905–1906, Berlin 1906
Zentrum und neuester Kurs, Berlin 1907
Der Humor im Reichstage. Eine systematisch geordnete Sammlung von Parlaments-Scherzen, Berlin 1910
Der Modernisteneid. Den Katholiken zur Lehr und Wehr, Andersdenkenden zur Aufklärung, Berlin 1910
Der Stille Kulturkampf, Hamm 1912
Duell und Ehre, Paderborn, Würzburg 1913
Der Wehrbeitrag 1913, Stuttgart 1913
Politik und Völkerleben, Paderborn, Würzburg o. J. [1914]

Die Rüstungsausgaben des Deutschen Reichs, Stuttgart 1914
Die Mobilmachung, Berlin 1914
Der Verständigungsfriede, Stuttgart 1917
Der Völkerbund. Der Weg zum Weltfrieden, Berlin 1918
Der Völkerbund als Friedensfrage, Berlin 1919
Der Waffenstillstand, in: Europäische Staats- und Wirtschafts-Zeitung, Bd. IV (o.J.) [1919], Nr. 12 und 13 (Sonderheft)
Reden zur Neuordnung des deutschen Finanzwesens, Berlin 1919
Erlebnisse im Weltkrieg, Stuttgart 1920
Vergangenheit, Gegenwart und Zukunft, Stuttgart 1920
Christlicher Solidarismus als Weltprinzip. Mönchen-Gladbach 1921
Der Solidarismus. Europas Rettung und Zukunft, Mönchen-Gladbach 1921

Auswahlbibliographie

Akten der Reichskanzlei, hrsg. für die Historische Kommission bei der Bayerischen Akademie der Wissenschaften von Karl-Dietrich Erdmann und für das Bundesarchiv von Hans Booms, (Boppard a. Rh.): Das Kabinett Scheidemann (1919), bearb. von Hagen Schulze (1971); Das Kabinett Bauer (1919/20), bearb. von Anton Golecki (1980); Das Kabinett Müller I (1920), bearb, von Martin Vogt (1971); Das Kabinett Fehrenbach (1920/21), bearb. von Peter Wulf (1972)

Bauer, Ernst: Erzberger. Bilder aus seinem Leben und Wirken, Kämpfen und Leiden, München 1925

Der Erzberger-Mord. Dokumente menschlicher und politischer Verkommenheit, Bühl (Baden) 1921

Epstein, Fritz: T., Zwischen Compiègne und Versailles, in: Vierteljahrshefte für Zeitgeschichte, 3 (1955), S. 412−455

Epstein, Klaus: Matthias Erzberger und das Dilemma der deutschen Demokratie, Berlin 1962 (als Ullstein-Taschenbuch, Frankfurt a. M. − Berlin − Wien 1976)

Eschenburg, Theodor: Matthias Erzberger. Der große Mann des Parlamentarismus und der Finanzreform, München 1973

Die Extreme berühren sich: Walther Rathenau 1867-1922. Eine Ausstellung des Deutschen Historischen Museums in Zusammenarbeit mit dem Leo-Baeck-Institute, New York. Hrsg. von Hans Wilderotter, Berlin 1993

Grupp, Peter: Deutsche Außenpolitik im Schaten von Versailles 1918−1920, Paderborn 1988

Gumbel, Emil Julius: Verschwörer. Zur Geschichte und Soziologie der deutschen nationalistischen Geheimbünde 1918−1924. Mit einem Vorwort zur Neuauflage von Karin Buselmeier, Heidelberg 1979

Heinz, Friedrich Wilhelm: Politische Attentate in Deutschland, in: Deutscher Aufstand. Die Revolution des Nachkriegs, hrsg. von Curt Hotzel, Stuttgart 1934

Helfferich, Karl: Fort mit Erzberger!, Berlin 1919

Hoegner, Wilhelm: Die verratene Republik. Deutsche Geschichte 1919−1933, München 1979

Jasper, Gotthard: Aus den Akten der Prozesse gegen die Erzberger-Mörder, in: Vierteljahrshefte für Zeitgeschichte, 10 (1962), S. 430−453

Jasper, Gotthard: Der Schutz der Republik. Studien zur staatlichen Sicherung der Weimarer Republik 1922−1930, Tübingen 1963

Kessler, Harry Graf: Tagebücher 1918−1937, hrsg. von Wolfgang Pfeiffer-Belli, Frankfurt a. M. 1961

Koch, Hansjoachim W.: Der deutsche Bürgerkrieg. Eine Geschichte der deutschen und österreichischen Freikorps 1918−1923, Frankfurt a. M. 1978

Kolb, Eberhard: Die Weimarer Republik, 4. Aufl., München 1998

Krüger, Gabriele: Die Brigade Ehrhardt, Hamburg 1971

Liebig, Hans Frhr. von: Erzberger als Staatsmann und Werkzeug in seiner Rede vom 25. Juli 1919, München 1919

Lohalm, Uwe: Völkischer Radikalismus. Die Geschichte des Deutschvölkischen Schutz- und Trutzbundes 1919−1923, Hamburg 1970

Möller, Alex: Reichsfinanzminister Matthias Erzberger und sein Reformwerk, Bonn 1971

Mohler, Armin: Die konservative Revolution in Deutschland 1918 bis 1932, 2 Bde., 3. Aufl., Darmstadt 1989

Mommsen, Hans: Die verspielte Freiheit. Der Weg der Republik von Weimar in den Untergang 1918 bis 1933, Berlin 1989

Morsey, Rudolf: Die Deutsche Zentrumspartei 1917–1923, Düsseldorf 1966

Morsey, Rudolf: Matthias Erzberger (1875–1921), in: Zeitgeschichte in Lebensbildern. Aus dem deutschen Katholizismus des 20. Jahrhunderts, Bd. 1, Mainz 1973, S. 103–112

Niedhart, Gottfried: Deutsche Geschichte 1918–1933. Politik in der Weimarer Republik und der Sieg der Rechten, Stuttgart u.a. 1994

Pausch, Alfons: Matthias Erzberger. Sein Leben und Werk, Stuttgart 1965

Roth, Joseph: Berliner Saisonbericht. Unbekannte Reportagen und journalistische Arbeiten 1920–39, hrsg. und mit einem Vorwort von Klaus Westermann, Köln 1984

Ruge, Wolfgang: Matthias Erzberger. Eine politische Biographie, Berlin 1976

Sabrow. Martin: Die verdrängte Verschwörung. Der Rathenau-Mord und die deutsche Gegenrevolution, Frankfurt a. M. 1999

Salomon, Ernst von: Die Geächteten, Berlin 1930

Schulze, Hagen: Freikorps und Republik 1918–1920, Boppard a. Rh. 1969

Schulze, Hagen: Weimar. Deutschland 1917–1933, Berlin 1982

Sontheimer, Kurt: Antidemokratisches Denken in der Weimarer Republik. Die politischen Ideen des deutschen Nationalismus zwischen 1918 und 1933, München 1962

Trotnow, Helmut: »... Es kam auf einen mehr oder weniger nicht an.« Der Mord an Rosa Luxemburg und Karl Liebknecht und die Folgen für die Weimarer Republik, in: Die Extreme berühren sich ..., S. 209–220

Thoß, Bruno: Der Ludendorff-Kreis 1919–1923. München als Zentrum der mitteleuropäischen Gegenrevolution zwischen Revolution und Hitler-Putsch, München 1978

Winkler, Heinrich August: Weimar 1918–1933. Die Geschichte der ersten deutschen Demokratie, München 1993

Wirsching, Andreas: Die Weimarer Republik. Politik und Gesellschaft, München 2000

Ewige Wachsamkeit ist der Preis der

Förderverein
Erinnerungsstätte für die
Freiheitsbewegungen in
der deutschen Geschichte

www.erinnerungsstaette–rastatt.de

Der 1995 gegründete Förderverein betrachtet es als seine Aufgabe:

- durch seine Aktivitäten das Interesse an der Erinnerungsstätte zu fördern

- die Erinnerungsstätte nach außen nachhaltig bekannt zu machen

- Anregungen für einen verstärkten Besuch der Erinnerungsstätte zu geben

- die Erinnerung an das politische Wirken von Gustav W. Heinemann wachzuhalten

- Interessierte zu ehrenamtlicher Mitarbeit einzuladen

Zur Wahrnehmung seiner Aufgaben lädt der Förderverein alle Interessierten zur Mitgliedschaft ein.
Der Jahresmitgliedsbeitrag beträgt für Einzelpersonen **EUR** 20.-, für korporative Mitgliedschaft **EUR** 60.-.
Neu eintretende Mitglieder erhalten auf Wunsch ein Freiexemplar dieses Ausstellungskatalogs. Zur Durchführung vielfältiger Aufgaben rufen wir Bürgerinnen und Bürger zu Spenden auf.

Vereinsvorsitzende ist Frau Gerlinde Hämmerle, Regierungspräsidentin, Karlsruhe

Adresse: Postfach 1526, 76405 Rastatt
Konto: Sparkasse Rastatt 111 849, BLZ 665 500 70

Als Teil der Dauerausstellung stellte der Förderverein die Dokumentation "Gustav W. Heinemann und Rastatt" zur Verfügung.

„Gerade das macht ja nationales Bewusstsein aus, dass es den Zusammenhang der Geschichte gelten lässt und nicht nur sogenannte Höhepunkte feiert. Genau das ist nach meinem Verständnis die Aufgabe der Erinnerungsstätte ...“
Bundespräsident Gustav W. Heinemann anlässlich der Eröffnung der Erinnerungsstätte am 26. 6. 1974